A HISTÓRIA DA
FILOSOFIA
PARA QUEM TEM PRESSA

LESLEY LEVENE

A HISTÓRIA DA FILOSOFIA PARA QUEM TEM PRESSA

Tradução
CLÓVIS MARQUES

Rio de Janeiro, 2025
3ª edição

Copyright © 2018 *by* Michel O'Mara Books Limited

TÍTULO ORIGINAL
Philosophy in Bite-sized Chunks

CAPA E ILUSTRAÇÕES DE CAPA
Sérgio Campante

ILUSTRAÇÕES DE MIOLO
Andrew Pinder (exceto página 90)

REVISÃO TÉCNICA
Ivan Weisz Kuck

DIAGRAMAÇÃO
Kátia Regina Silva | editoriârte

Impresso no Brasil
Printed in Brazil
2025

CIP-BRASIL. CATALOGAÇÃO NA PUBLICAÇÃO
SINDICATO NACIONAL DOS EDITORES DE LIVROS, RJ
LEANDRA FELIX DA CRUZ CANDIDO – BIBLIOTECÁRIA CRB-7/6135

L643h
3. ed.

Levene, Lesley
    A história da filosofia para quem tem pressa / Lesley Levene; tradução Clóvis Marques. – 3. ed. – Rio de Janeiro: Valentina, 2025.
    200p. ; 21 cm.

    Tradução de: Philosophy in bite-sized chunks
    ISBN 978-65-88490-20-4

    1. Filosofia – História. 2. Filósofo – História. I. Marques, Clóvis. II. Título.

	CDD: 100
21-71179	CDU: 1(09)

Todos os livros da Editora Valentina estão em conformidade com o novo Acordo Ortográfico da Língua Portuguesa.

Todos os direitos desta edição reservados à

EDITORA VALENTINA
Rua Santa Clara 50/1107 – Copacabana
Rio de Janeiro – 22041-012
Tel/Fax: (21) 3208-8777
www.editoravalentina.com.br

Para Jose e Cyril Levene
e Ruth e Peter Spencer —
todos com inúmeros motivos
para encarar a vida filosoficamente.

SUMÁRIO

INTRODUÇÃO: AFINAL, PARA QUE SERVE TUDO ISSO? 9

CAPÍTULO UM ● Os Filósofos Pré-Socráticos 11
Tales 12 Anaximandro 14 Anaxímenes 16
Pitágoras 17 Xenófanes 19 Heráclito 21
Parmênides 23 Anaxágoras 24 Empédocles 28
Protágoras 30

CAPÍTULO DOIS ● Os Poderosos Gregos 33
Sócrates 34 Platão 37 Aristóteles 41 Epicuro 46

CAPÍTULO TRÊS ● Entram em Cena os Romanos 51
Sêneca 53 Epicteto 57 Marco Aurélio 60 Plotino 62

CAPÍTULO QUATRO ● Cristãos, Muçulmanos e um Único Judeu 66
Santo Agostinho de Hipona 70 Avicena 73 Santo
Anselmo 76 Averróis 77 Maimônides 79
Roger Bacon 81 Tomás de Aquino 84
Guilherme de Ockham 86

CAPÍTULO CINCO ● Homens do Renascimento 89
Erasmo de Rotterdam 91 Nicolau Maquiavel 93

CAPÍTULO SEIS ● A Era da Razão 96
Thomas Hobbes 97 René Descartes 101 John Locke 105
Baruch Espinosa 108 Gottfried Wilhelm Leibniz 111

8 A HISTÓRIA DA FILOSOFIA PARA QUEM TEM PRESSA

CAPÍTULO SETE ● A Era do Iluminismo 115
George Berkeley 116 Voltaire 119 David Hume 122
Jean-Jacques Rousseau 126 Immanuel Kant 129

CAPÍTULO OITO ● Chegando ao Século XIX 133
Jeremy Bentham 134 Georg Wilhelm Friedrich
Hegel 138 Arthur Schopenhauer 141 John Stuart
Mill 144 Søren Kierkegaard 147 Karl Marx 150 Friedrich
Nietzsche 157

CAPÍTULO NOVE ● Os Contemporâneos 160
Bertrand Russell 161 George Edward Moore 165 Martin
Heidegger 168 Ludwig Wittgenstein 170 Gilbert
Ryle 174 Karl Popper 176 Jean-Paul Sartre 179
A.J. Ayer 182 Michel Foucault 184 Jacques Derrida 188

ALGUNS "ISMOS", "LOGIAS" E "METAS" 191

QUESTIONÁRIO FILOSÓFICO 197

BIBLIOGRAFIA 199

INTRODUÇÃO

AFINAL, PARA QUE SERVE TUDO ISSO?

"Todo mundo é doido, mas aquele que consegue
analisar o próprio delírio é chamado de filósofo."
Ambrose Bierce, *Epigramas*

O simples fato de este livro abranger cerca de 2.500 anos
já parece indicar a resposta: não há resposta. O que se sabe,
contudo, é que perguntas filosóficas para se tentar entender o
mundo e o papel que nele desempenhamos são feitas desde
que se iniciaram os registros escritos.

Na introdução da sua *História da filosofia ocidental*,
Bertrand Russell observa que a filosofia abarca os campos da
ciência e da teologia, procurando aplicar a razão humana à
especulação em áreas nas quais ainda não se alcançou um
conhecimento definitivo. O fascinante é que, à medida que
o conhecimento vai se ampliando, as interrogações permanecem. Tudo bem, pois nada melhor que um pouco de saudável
especulação — desde que estejamos bem informados.

Ao examinar o desenvolvimento das ideias filosóficas
ao longo do tempo, situando cada filósofo no seu contexto
histórico e social para dar uma noção do que influenciava seu
pensamento, este livro pretende fornecer ferramentas para se
especular com os melhores dentre eles.

Gostaria de agradecer a Louise Dixon e a Silvia Crompton, da Michael O'Mara Books, por sua paciência, e a vários colegas — especialmente Annie Lee, Richard Sandover e Peter Spencer — que contribuíram com conselhos, livros e um ouvido amigo. Além disso, quero aqui declarar solenemente que, na minha outra vida, como editora, jamais voltarei a me queixar dos autores que atrasam a entrega de originais.

CAPÍTULO UM

OS FILÓSOFOS PRÉ-SOCRÁTICOS

O nome já diz tudo: os pré-socráticos vieram antes de Sócrates, claro. Essa categoria reúne alguns pensadores do mundo antigo, que até podem ter conhecido as ideias do mestre. Entre o fim do século VII e o século V, cada um deles procurou, à sua maneira, explicar como o mundo se formou e explorar a natureza da realidade. Em outras palavras, eles tentavam responder a grande pergunta: "Afinal, para que serve tudo isso?"

Os primeiros eram da Jônia, situada mais ou menos no meio da costa ocidental da Ásia Menor. Hoje integrando a Turquia, a região foi colonizada pelos gregos, aproximadamente a partir do ano 1000 a.C., e, quando os nossos pré-socráticos entraram em cena, abrigava algumas florescentes cidades-estado. Estas prosperavam graças ao comércio e às relações culturais com o Egito e a Babilônia (o atual Iraque), a leste, ambas as nações célebres pela busca da sabedoria antiga, e também, a oeste, com as colônias gregas do Mar Negro e a

Grécia continental. Além disso, a Jônia contava com uma herança literária que, por intermédio de Homero, ligava-a à opulência de Micenas. Tais condições devem ter propiciado uma vigorosa vida intelectual, pois há fortes indícios de muito interesse pelo pensamento especulativo nos principais centros populacionais — Mileto, Éfeso, Cólofon e Samos —, e grandes pensadores dessas cidades, assim como suas ideias, gradualmente começaram a exercer uma influência que se espraiou pelo resto do mundo.

TALES

(*c.* 624 — *c.* 545)

Segundo Aristóteles, que devia saber do que estava falando, Tales de Mileto foi o primeiro autêntico filósofo, o que faz dele o fundador não apenas da filosofia grega, como da europeia. Infelizmente, Tales não deixou uma obra escrita, de modo que suas opiniões são conhecidas apenas por relatos posteriores. Devido a seus interesses práticos e intelectuais aparentemente muito amplos, ele ficou conhecido como engenheiro, matemático, astrônomo e estadista. Dizem que viajou para o Egito, onde se aprofundou em trigonometria — o país era, provavelmente, um importante centro matemático —, e previu com incrível precisão um eclipse solar em 585, com base em mapas celestes babilônicos.

CAPÍTULO UM: OS FILÓSOFOS PRÉ-SOCRÁTICOS

O que nos possibilita falar de Tales e dos pré-socráticos posteriores como filósofos — e não, digamos, como brilhantes matemáticos ou astrônomos — é o fato de que eles acreditavam que o mundo possuía uma unidade subjacente, um elemento físico suscetível de ser identificado, estudado e compreendido racionalmente, para se entender como havia surgido. Apresentava-se, entretanto, um pequeno problema: não tinham a menor ideia de que substância milagrosa era essa.

Seriam muitas as tentativas fracassadas, mas a própria busca significava um passo além da mitologia como explicação dos fatos. Em vez de buscar no comportamento notoriamente irracional dos deuses as respostas sobre o porquê de as coisas serem como eram, esses primeiros filósofos tentavam formular explicações sistemáticas do mundo visível em termos claramente descritivos e analíticos.

Para Tales, a água era a chave de tudo. Tendo observado que ela podia assumir diferentes formas (névoa, gelo, neve, umidade etc.), chegou à conclusão de que devia ser a base do universo — literalmente na verdade, pois considerava que a Terra, plana, flutuava na água e os terremotos eram causados por enormes ondas.

Platão incluiu Tales entre os "Sete Sábios" no seu *Protágoras*, mas ele aparece (com mais frequência) como aquele professor meio distraído em várias anedotas — por exemplo, tropeçando e caindo num fosso por caminhar, muito ocupado, observando as estrelas.

ANAXIMANDRO

(610 — 546)

Nascido em Mileto, Anaximandro muito possivelmente foi discípulo de Tales. Como ele, tinha variados interesses científicos: traçou o primeiro mapa-múndi (muito distante da realidade, é verdade), estudou meteorologia (afirmando que os trovões resultavam da colisão das nuvens) e introduziu o gnômon (o ponteiro do relógio solar) no mundo grego. Igualmente estadista, foi designado dirigente da Apolônia, a nova colônia da sua cidade no Mar Negro. Anaximandro também sucedeu a Tales no terreno filosófico, anotando as próprias ideias — outro pioneirismo —, embora discordasse da premissa de que a água, ou qualquer outro elemento físico, pudesse ser o princípio primordial de tudo.

Anaximandro argumentava que, se fosse conferida preeminência à água, outros elementos, como o fogo, seriam excluídos: embora a água pudesse se transformar em vapor e gelo, não era capaz de conter os opostos seco e molhado. Ele preferia buscar uma substância originária mais universal, não limitada por características físicas. Então, criou o conceito de *ápeiron* — indefinido, infinito, ilimitado, indeterminado —, do qual surgem todas as coisas e ao qual todas elas retornam, sugerindo que o universo e todos os seus elementos e opostos surgiram de uma separação desse "indefinido".

Para sermos mais específicos, Anaximandro dizia que, quando o calor e o frio escaparam do *ápeiron*, o vapor frio, mais pesado, solidificou-se formando a Terra — um vasto cilindro flutuando no centro do universo —, ao passo que o calor se expandiu, transformando-se em gigantescos círculos de fogo ao redor dela. O ar existente entre a Terra e o fogo gera um vapor, e só por fendas abertas nesse vapor é que percebemos raios de luz provenientes dos círculos de fogo — aquilo que hoje nós designamos estrelas e planetas. No mundo, pares de opostos — seco/molhado, quente/frio etc. — resultantes da separação inicial procuram constantemente voltar ao *ápeiron*, conferindo ritmo e unidade ao universo.

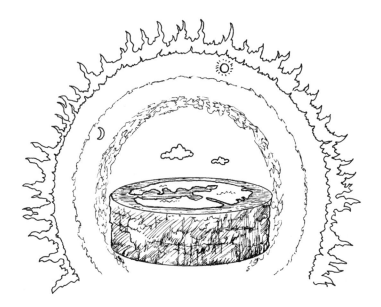

Entre outras ideias interessantes, Anaximandro sustentava que o processo coerente de geração do mundo visível provavelmente estaria criando também outros mundos de que ele nada sabia, e que os humanos — originalmente dotados de espinhos na pele, assim como certos peixes — teriam surgido da lama que ficara para trás quando as águas se afastaram da terra. Em suma, a obsessão dos pré-socráticos com a água ainda estava muito presente.

ANAXÍMENES

(*c.* 585 — 528)

Há ainda um terceiro pensador de Mileto, embora infelizmente não nos tenham chegado dados biográficos a seu respeito. Anaxímenes parece ter retomado a ideia de Tales de que havia uma forma básica de matéria — no seu caso, *aér* (ar ou vapor) —, mas, segundo ele, essa substância única podia ser transformada em outras substâncias, de acordo com o grau de concentração. Rarefeita, tornava-se fogo; condensada, formava a água e a terra. Além de estabelecer as conexões óbvias com o mundo físico (o Sol como fogo no céu, os relâmpagos provindo das nuvens, o vapor caindo em forma de chuva), ligou o ar ao sopro da vida, à alma, assim levando adiante a ideia do *ápeiron* de Anaximandro. Para Anaxímenes, a Terra era plana e flutuava no ar como uma folha, assim como acontecia com os corpos celestes, discos de fogo formados a partir da elevação dos vapores rarefeitos.

PITÁGORAS
(*c.* 570 — *c.* 490)

Nascido na ilha grega de Samos, Pitágoras — sim, aquele do teorema: o quadrado da hipotenusa é igual... — teria visitado o Egito e a Babilônia antes de se estabelecer em Crotona, colônia grega no sul da Itália, por volta do ano 530. Lá fundou uma comunidade que viria a se tornar, ao mesmo tempo, uma escola matemática e uma confraria religiosa. Como não deixou obras escritas, boa parte do que sabemos sobre Pitágoras provém de relatos posteriores, muitos evidentemente acrescidos ao longo do tempo, assumindo a forma de mitos e lendas. Entre outras coisas, ele teria uma coxa dourada e a incrível capacidade de estar em dois lugares ao mesmo tempo, além de se valer de um espelho para projetar textos na superfície da Lua.

Num nível mais prático, Pitágoras observou que as notas musicais variavam em função do comprimento das cordas do instrumento, deduzindo que as proporções matemáticas fundamentavam a harmonia musical (e com isto introduzia também o conceito de intervalos musicais). A partir daí foi apenas um passo para afirmar que a matemática estava no cerne da realidade — nem a água nem o ar, mas os números. Eram eles que definiam (lembremos do "indefinido" de Anaximandro) as formas e tamanhos dos objetos físicos, assim como determinavam o movimento das estrelas e demais corpos celestes, numa relação matemática harmoniosa conhecida como música das esferas.

A partir daí, o pitagorismo se desenvolveu não só como uma filosofia, mas também como um estilo de vida. Seus adeptos adotaram uma atitude contemplativa e frugal, vivendo em comunidades nas quais homens e mulheres eram tratados de forma igualitária e a propriedade, compartilhada. Buscavam uma forma própria de harmonia terrena por meio do ascetismo moral e da purificação ritualística do corpo (as favas eram estritamente proibidas, assim como a carne) e da alma.

Pitágoras afirmava que todas as coisas vivas estavam inter-relacionadas, e acreditava na transmigração da alma — em outras palavras, a alma era imortal e passava para um outro corpo depois da morte —, alegando que ele próprio fora outras pessoas em vidas pregressas.

Muitas de suas ideias seriam expressas mais tarde nos escritos de Platão, particularmente na ênfase em uma realidade pura — no caso de Pitágoras, a matemática e a imortalidade da alma — como fator subjacente à imperfeição das aparências.

XENÓFANES

(c. 570 — c. 475)

Foi provavelmente no ano 546, quando os exércitos vitoriosos de Ciro, o Grande, varreram a Ásia Menor, conquistando as cidades-estado gregas da Jônia para o Império Persa, que Xenófanes deixou sua cidade de Cólofon. Pelo resto da vida, ele percorreria os territórios mediterrâneos, fixando-se por um tempo na Sicília e também visitando Eleia, no sul da Itália, cidade na qual viria a se associar a um importante grupo de filósofos. Escreveu poemas, dos quais chegaram até nós alguns fragmentos, e são eles, assim como referências constantes em obras de outros autores, que nos dão uma ideia da dimensão dos seus interesses.

Xenófanes propôs uma das perguntas filosóficas mais difíceis e perenes: como podemos honestamente alegar conhecer a verdade a respeito de coisas que nós não vimos com os próprios olhos? Em outras palavras, ele apontava a enorme diferença entre opinião e conhecimento verdadeiro, e também afirmava que, embora a verdade exista, só podemos especular a seu respeito. Com base nisso é que voltou sua atenção para toda uma série de temas.

No terreno religioso, em vez de simplesmente rejeitar os atos aleatórios dos deuses como explicação dos acontecimentos, criticou energicamente a tradicional abordagem homérica, que consistia em imputar aos deuses as falhas humanas, como adultério, roubo, fraude (ao que parece, as coisas... não mudaram). Xenófanes argumentava não apenas que isto significava sancionar comportamentos imorais, mas também que esse antropomorfismo — atribuição de características humanas a seres não humanos — só levava a absurdos lógicos. Já era suficientemente confuso que os etíopes tivessem deuses de cabelos negros e os trácios, deuses ruivos, mas que dizer dos cavalos e do gado — como seria a aparência dos seus deuses? Ele ponderava que havia, isto sim, uma única deidade suprema, esférica como o mundo, eterna e imutável, totalmente diferente dos humanos na aparência e na natureza, e agindo pelos poderes da mente.

Voltado para a promoção de um comportamento moral entre os concidadãos, Xenófanes também se pronunciou contra os excessos na bebida, a aquisição de luxos desnecessários e as homenagens exageradas aos atletas bem-sucedidos — tudo bastante familiar a nós. Numa esfera de preocupações mais empíricas, deparando-se com fósseis de peixes encontrados há uma distância muito grande do mar, concluiu que a Terra fora um dia coberta de água, especulando que terra e água, em diferentes combinações, formavam a base de todas as coisas, e que as nuvens representavam um estado de transição.

HERÁCLITO

(c. 535 — 475)

Nascido numa família da aristocracia de Éfeso, Heráclito não parece ter demonstrado interesse em participar na vida pública, recusando favores das autoridades persas sob a alegação de que não queria uma vida de luxo. Era evidente que ele se preocupava menos ainda em ser popular, constantemente acusando os outros de estupidez: chegou a afirmar que Xenófanes não dispunha de bom senso, apesar de todo seu conhecimento. Acredita-se que escreveu um livro intitulado *Da natureza*, do qual restam apenas fragmentos, e são eles, juntamente com a crítica de outros autores à sua obra, que nos dão alguma ideia das opiniões do filósofo.

Heráclito ficou conhecido sobretudo pela afirmação algo desconcertante de que tudo existe num estado de permanente fluxo, e não espanta, assim, que tenha sido apelidado de "O Obscuro". Na sua concepção, não se pode pisar duas vezes no mesmo rio, pelo simples motivo de que a água tocada na segunda vez não é a mesma em que os pés se banharam na primeira. O mundo pode *parecer* um todo estável e uno — o que levou Tales, Anaximandro e outros a buscar um elemento unificador —, mas Heráclito considerava que assim se perdia de vista o principal. Em vez de enxergar permanência e estabilidade, sustentava que o mundo, por baixo da superfície, podia ser entendido em termos de uma contínua luta entre pares de opostos. Seus exemplos variavam do mais prosaico (acima/abaixo, quente/frio, seco/molhado, dia/noite) ao mais extremo: vida/morte, guerra/paz, fome/fartura. Muito embora os elementos do par estivessem separados, nenhum deles poderia existir sem o outro, pois ambos eram meros aspectos extremos da mesma coisa. Esses opostos tinham uma característica estrutural comum, por ele denominada *lógos* (razão), sendo ela que, como uma espécie de eterna justiça cósmica, mantinha um certo equilíbrio e regulava a continuidade das mudanças.

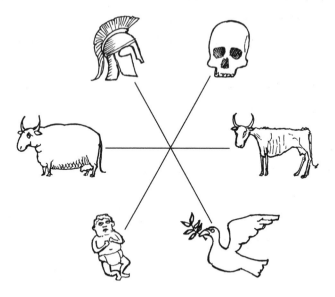

Portanto, para Heráclito a unidade do mundo estava em sua estrutura subjacente — na forma como se organizava —, e não em algum componente específico. Mas nem por isso ele deixou de identificar o fogo como o elemento original e mais valioso, e a manifestação física do *lógos*.

PARMÊNIDES

(*c.* 515 — 450)

Nascido na colônia grega de Eleia, no sul da Itália, Parmênides é considerado o cérebro da escola eleática, que enfatizava a natureza imutável da realidade. Grande parte da sua vida não está bem documentada, mas, aos 65 anos, ele parece ter conhecido o jovem Sócrates, cujas ideias — e, por extensão, as de Platão — ele certamente terá influenciado. Parmênides foi o primeiro filósofo a se valer da lógica e da linguagem para chegar a conclusões a respeito do mundo que não dependiam da observação, e, na verdade, muitas vezes até a contradiziam.

Suas opiniões chegaram a nós por intermédio dos cerca de 150 versos de um longo poema em três partes intitulado — mais uma vez — *Da natureza*. Na primeira parte, relata o encontro com uma deusa que lhe promete revelar tanto "o caminho da verdade", ou realidade, quanto "o caminho da aparência", ou opinião; estas, por sua vez, formam as duas outras partes do poema. Basicamente, no que concerne à realidade, se somos capazes de pensar e falar a respeito de algo, diz a lógica que esse algo deve existir — ele *é* —, pois não faria sentido pensar ou falar de alguma coisa que não existe, e que, portanto, *não é*.

Se você é capaz de entender isto, explica Parmênides, o resultado natural a que se chega é que não havia nada antes (o passado) nem há nada por vir (o futuro), pois ambos implicam um não-ser no presente, o que, por sua vez, significa que nunca houve nem haverá qualquer mudança. As coisas, assim, continuam numa espécie de presente eterno, estático, uniforme. Não pode haver movimento, pois implicaria um passo em direção ao nada; não pode haver mudança material, pois implicaria a existência de um estado prévio. Tudo isto leva à conclusão de que qualquer espécie de mudança que *acreditamos* ver é necessariamente ilusória: antes o caminho da aparência que o da verdade.

O raciocínio pode parecer artificial — por mais que Parmênides domine a lógica, sua alegação se baseia numa interpretação algo incompreensível (confusa) do verbo "ser" —, mas o conflito entre realidade e ilusão é de fato real, e desde então nunca deixou de dar trabalho aos filósofos.

ANAXÁGORAS

(*c.* 500 — 428)

Natural de Clazômenas, na Jônia, Anaxágoras passou trinta anos em Atenas, tendo sido o primeiro filósofo a levar a investigação filosófica àquele que viria a se tornar o centro do mundo grego antigo. Lá, seus preceitos influenciaram, entre outros, o estadista Péricles e o dramaturgo Eurípides.

CAPÍTULO UM: OS FILÓSOFOS PRÉ-SOCRÁTICOS 25

Quando lhe perguntavam qual o sentido de nascer, Anaxágoras então respondia: "para estudar o universo".

Suas indagações e estudos acabaram por levá-lo a afirmar que o Sol era um gigantesco bloco de rocha incandescente, maior que o Peloponeso, o que parece não ter agradado às autoridades, pois foi processado por blasfêmia, condenado e, posteriormente, exilado.

Para chegar à sua interpretação pessoal do mundo material, tentou conciliar a afirmação de Parmênides — de que as coisas não nascem nem morrem — com as evidências visíveis de mudança encontráveis em toda parte. O resultado foi a sua teoria de que, originalmente, o mundo consistia em todos os tipos de partículas naturais misturadas, até que o *noûs* (inteligência) — "a mais sutil de todas as coisas e a mais pura", a força motriz — começasse a fazê-lo girar. No turbilhão que se seguiu, as inúmeras partículas se misturaram e se separaram, criando os mais variados tipos de coisas, o que significa que sempre haveria uma pequena parte de tudo em todo o resto — exceto no *noûs*, que "não se mistura a nada". Embora o principal elemento constituinte de cada objeto em dado momento definisse sua identidade, a constante combinação e separação de partículas giratórias tornou a mudança não só possível como inevitável.

Ao introduzir o *noûs* como a força que tudo move, o propulsor original, Anaxágoras dava uma explicação puramente mecanicista do funcionamento das coisas. Mais tarde, suas ideias seriam elevadas de patamar por outros filósofos, que começaram a buscar igualmente uma razão subjacente de ser.

REDUCTIO AD ABSURDUM: OS PARADOXOS DE ZENÃO

Seguidor de Parmênides — aquele do universo estático e imutável —, Zenão de Eleia (c. 490 — 430) enunciou uma série de paradoxos provocantes para demonstrar a impossibilidade do movimento. Vejamos, para começar, o caso de Aquiles e a tartaruga: o veloz super-herói grego *versus* a lerdeza que se arrasta. Muito bem, Aquiles pode até ser mais rápido, mas, se começar a correr 100 metros atrás da tartaruga, ela terá avançado um pouco quando ele conseguir compensar a defasagem. E, embora a esta altura a tartaruga esteja apenas uma pequena distância à frente, Aquiles ainda assim precisará alcançá-la para a ultrapassar. Toda vez que Aquiles chegar à posição anterior da tartaruga, ela mais uma vez terá feito um pequeno avanço. Decompondo-se a missão em pedaços infinitesimais — o que Zenão adorava fazer —, Aquiles eternamente terá de correr um pouquinho mais para alcançar a tartaruga. Puro absurdo, claro, mas, em termos filosóficos, Zenão levantava uma questão relevante.
Valendo-se da mesma lógica, Zenão explicava por que é impossível percorrer uma pista de corrida de uma extremidade a outra. Até alcançar o final da pista, a pessoa tem que percorrer a metade da distância, depois a metade da metade, então mais uma metade...

Em outras palavras, são tantos e cada vez menores trechos que ninguém consegue cruzar a linha de chegada.

E tem também o paradoxo da flecha. Você prepara o alvo, aponta, dispara... Mas, a cada momento do percurso, a flecha ocupa a integralidade de uma minúscula parte do espaço, estando nesse instante imóvel. Considerando-se que seu assim chamado "voo" é formado por uma sucessão de momentos de imobilidade, pode-se presumir, segundo Zenão, que a flecha, na verdade, não está se movendo.

Zenão conheceu Sócrates numa viagem a Atenas com Parmênides, e, em consequência, aparece no diálogo *Parmênides*, de Platão; a ele Aristóteles atribui a primazia no emprego da dialética — um método formal de debate, no qual os adversários tentavam identificar incoerências e absurdos nos argumentos um do outro. O que nos leva de volta aos paradoxos.

EMPÉDOCLES
(c. 495 — c. 435)

Nascido na colônia grega de Acragas (a moderna Agrigento), na Sicília, Empédocles ficou famoso não só como filósofo e poeta, mas também como médico, cientista e estadista. A lenda lhe atribui aspirações ainda mais elevadas, pois dizem que teria se jogado na cratera do Etna para provar a própria natureza divina —, mas infelizmente, segundo citação reproduzida por Bertrand Russell em sua *História da filosofia ocidental*, a derradeira experiência de Empédocles acabou com ele "completamente assado".

Sua principal obra filosófica é o poema intitulado — bem, você até já sabe... — "Da natureza", do qual sobreviveram vários fragmentos. Enquanto Parmênides enxergava um universo estático e perenemente imutável e Anaxágoras, um universo criado a partir de um número ilimitado de substâncias misturadas, Empédocles sustentava que todas as coisas eram feitas de quatro elementos básicos e permanentes, ou "raízes": terra, ar, fogo e água. Sob a influência de forças antagônicas que ele chamava de Amor e Ódio, esses elementos se aglutinavam e se separavam para formar diferentes objetos. O universo se movia num ciclo infinito: primeiro, dominara o Amor, depois o Ódio (e com ele o nosso mundo) apareceu no topo por um tempo, até que enfim o Amor tornasse a se impor.

Embora seja precipitado dar a entender uma ligação direta com a obra de Darwin, certamente é verdade que Empédocles falava sobre a origem dos seres vivos de uma maneira que apontava para a ideia de evolução. Na sua versão dos acontecimentos, houve um período inicial em que partes do corpo andavam soltas — bezerros com cara de homem, crianças com cabeça de gado, e outras esquisitices —, até se chegar a territórios

mais familiares. Ele também enunciou uma teoria para explicar nossa consciência das coisas: partículas de elementos de outros objetos interagem com nossos órgãos sensoriais e penetram nossos poros, sendo então detectadas pelas partículas correspondentes que existem em nós.

Num segundo poema, "Purificações", que pode ou não integrar "Da natureza", mas com certeza segue uma linha mais abertamente religiosa, ele parece ter incorporado a seu sistema as ideias de Pitágoras e seguidores sobre a transmigração da alma. Empédocles descreve a jornada física de uma alma em termos de um ciclo contínuo: de um estado de inocência divina à queda na mortalidade (em consequência direta do derramamento de sangue de homens e animais), seguida pela purificação e mais uma vez pela deificação, servindo de novo o Amor e o Ódio como fatores propulsores.

PROTÁGORAS

(c. 490 — 420)

SÁBIAS PALAVRAS

"O homem é a medida de todas as coisas, das coisas que são, enquanto são, das coisas que não são, enquanto não são."
A verdade

Nascido em Abdera, no nordeste da Grécia, Protágoras viajou regularmente como professor para Atenas e outras cidades. Lá conheceu Péricles, que o convidou a redigir o código de leis da nova colônia ateniense de Túrios, na Itália — uma excelente exposição das suas ideias sobre justiça e virtude, à qual logo voltaremos. Protágoras foi possivelmente o primeiro de um crescente número de intelectuais conhecidos como sofistas (de *sophós*, "sábio"), que se manifestavam sobre uma variada gama de temas filosóficos e práticos, sendo eles tão respeitados que seus alunos pagavam pelo privilégio de ouvi-los. Ensinava retórica, requisito fundamental para participar da vida pública na Grécia antiga, e também poesia, gramática e sintaxe. Segundo o diálogo *Protágoras* de Platão, ele afirmava poder ensinar também a virtude.

CAPÍTULO UM: OS FILÓSOFOS PRÉ-SOCRÁTICOS

Protágoras ficou conhecido sobretudo pelo relativismo e pelo agnosticismo. Com a afirmação de que "O homem é a medida de todas as coisas...", ele mostrava acreditar que não existem padrões fixos e objetivos — Parmênides, aguenta essa! —, mas que as coisas variam em função do indivíduo e das circunstâncias. Assim, embora eu possa sentir calor num dia de verão no norte da Europa, alguém habituado a viver no Saara provavelmente acharia o tempo bem fresquinho. Protágoras deu um passo mais à frente nessa abordagem, mostrando que também podia ser aplicada a questões de beleza, virtude, verdade e justiça; essencialmente, tudo é relativo.

Podemos presumir que Protágoras encarava positivamente esse relativismo, como um rompimento das limitações da filosofia e da religião da época, abrindo caminho para o debate democrático. Mas, posteriormente, ele seria criticado por permitir assim que inescrupulosos jogassem com as palavras, fazendo "o pior ficar parecendo melhor" — o que bem explica as atuais conotações negativas do "sofisma", valendo-se de argumentos da esperteza e da astúcia sem limitações éticas. Apesar disso, o próprio Protágoras e os chamados Sofistas Mais Velhos eram conhecidos como homens honestos que respeitavam as leis.

Quanto aos deuses, Protágoras dizia não ter como saber se de fato existiam, ou que forma poderiam assumir, sendo o tema por demais obscuro para uma vida muito curta.

A HISTÓRIA DA FILOSOFIA PARA QUEM TEM PRESSA

Com essa ênfase na importância da subjetividade na maneira como entendemos o universo, Protágoras iniciou o movimento de distanciamento da filosofia natural em direção ao interesse pelos valores humanos. E foi em reação a sofistas como ele que Platão deu início à busca pelo transcendente, por verdades eternas que fundamentassem a experiência humana.

CAPÍTULO DOIS

OS PODEROSOS GREGOS

Se você pedir a qualquer pessoa minimamente interessada no assunto que cite um filósofo, ela provavelmente mencionará um dos Três Grandes: Sócrates, Platão ou Aristóteles. São os nomes que perduraram ao longo dos séculos — os homens das grandes ideias. Eles assinalam a definitiva passagem da filosofia natural — todos aqueles livros e poemas intitulados *Da natureza* — para as questões humanas, com ênfase no emprego da razão para alcançar a sabedoria e a virtude, das quais pode decorrer a felicidade pessoal (e, por extensão, numa perspectiva mais ampla, o bem-estar político). Provavelmente não foi por coincidência que todos viveram em Atenas por longos períodos, numa época em que a cidade era o centro intelectual e político do mundo clássico.

Pelo fim do século IV a.C., quando Atenas e as outras cidades-estado gregas começaram a ser ofuscadas após as conquistas militares do Rei Filipe II da Macedônia e do seu filho, Alexandre, o Grande, surgiram duas novas escolas filosóficas, o epicurismo e o estoicismo, lideradas, respectivamente, por Epicuro e Zenão de Cítio (págs. 46-50). Elas continuaram exercendo influência durante o período helenístico e na época romana.

SÓCRATES

(c. 470 — 399)

SÁBIAS PALAVRAS

"Uma vida não examinada não vale a pena ser vivida."
Citado por Platão na sua *Apologia*

Nascido em Atenas, Sócrates não deixou obras escritas, não fundou nenhuma escola filosófica nem tinha um grupo formalizado de discípulos, embora seja considerado a primeira grande figura da filosofia antiga. Isto porque representa uma clara mudança de direção em relação à anterior especulação filosófica a respeito das origens e da natureza do universo, voltando-se para uma análise da ética e dos conceitos morais que deveriam pautar a vida dos seres humanos.

As poucas informações que temos a seu respeito provêm de três fontes muito diferentes: o comediógrafo Aristófanes, o comandante militar Xenofonte e o grande filósofo Platão, que foi seu discípulo. Cada um deles, naturalmente, tinha seu próprio ângulo de observação.

CAPÍTULO DOIS: OS PODEROSOS GREGOS

Aristófanes apresenta Sócrates como um bufão em sua peça *As nuvens*, ao passo que, para Xenofonte, ele era um soldado e um homem de ação. Graças, principalmente, a Platão é que nós conhecemos as visões filosóficas de Sócrates. Platão as resume em forma de diálogos, usando essa abordagem dramatúrgica para transmitir tanto o método (raciocínio dialético) como as convicções (a busca do bem moral) do mestre. Considera-se que a *Apologia* (discurso de defesa no julgamento de Sócrates), *Críton* e *Fédon* refletem mais fielmente os ensinamentos socráticos.

Os diálogos se desenrolam como longas sessões de perguntas e respostas com variados tipos de interlocutores — políticos, discípulos e amigos — e exploram amplamente atitudes habituais em relação a conceitos fundamentais, ou "virtudes", como justiça, coragem, moderação, sabedoria e devoção. Segundo Platão, Sócrates sempre afirmava que nada sabia. Em vez de impor seus pontos de vista, ele desafiava os interlocutores a defender a fundamentação lógica das próprias ideias, no pressuposto teórico de que isto os forçaria a se defrontar com eventuais contradições em seus argumentos. Só então, quando a falsa lógica fosse eliminada, poderia alguém aceitar a própria ignorância e sair em busca de definições de valor universal das virtudes imprescindíveis à vida humana, revelando-se nesse processo um mais profundo bem moral.

Para Sócrates, a chave de tudo era uma vida justa. O que significava resistir à busca da fama e da fortuna, e nunca, em circunstância alguma, responder ao mal com o mal. O mais importante era cuidar do bem-estar moral da alma, pois seria este o caminho para a verdadeira felicidade. Era uma filosofia extremamente pessoal: uma vez esclarecido e entendido o significado das virtudes, era possível tornar-se objetivamente uma pessoa melhor, independentemente dos vínculos familiares e de amizade.

Infelizmente para Sócrates, a permanente contestação das crenças arraigadas na sociedade o indispôs com o Estado; ele foi julgado em 399, acusado de introduzir novos deuses e corromper a juventude. Qualquer que fosse a validade das acusações, os tempos eram politicamente turbulentos. A famosa democracia ateniense só fora restabelecida em 401, depois de um período de mais de trinta anos no qual se assistira à humilhante derrota frente a Esparta, na Guerra do Peloponeso, e à ditadura dos "Trinta Tiranos" apoiados por Esparta, que mataram tantos cidadãos atenienses que só ficaram um ano no poder. Talvez seja compreensível, então, que os novos dirigentes da cidade não se sentissem muito predispostos a se mostrar tolerantes com alguém que parecia sentir prazer em apontar seus erros, especialmente se tratando de um homem que fora mestre de um dos principais tiranos.

Durante o julgamento, Sócrates não cedeu em sua posição intelectual objetiva. Ante a alternativa de pagar uma multa para não ser condenado à morte, ele recusou; ofereceram-lhe, então, a oportunidade de escapar da prisão mediante suborno, o que ele prontamente rejeitou. Seu raciocínio era o seguinte: qualquer que fosse o resultado, os cidadãos deveriam sempre obedecer às leis do Estado. E assim, tendo vivido intransigentemente pela filosofia, acabou tomando cicuta e morreu por ela.

> **OS PRÊMIOS DA ACADEMIA**
>
> Platão montou sua escola de filósofos num bosque dedicado ao herói Academo, o que explica por que acabou sendo conhecida como Academia. Por sua vez, isso explica por que os grandes estudiosos são conhecidos como acadêmicos.

PLATÃO

(427 — 347)

SÁBIAS PALAVRAS

"A filosofia começa com o espanto."
Teeteto

Nascido numa família aristocrática ateniense, Platão aparentemente estava destinado a uma vida na política, até se tornar aluno de Sócrates, sobre cujo julgamento e morte viria a escrever. Desiludido com esses acontecimentos, deixou Atenas em 399 e viajou pela Grécia e Egito, sul da Itália e Sicília. Contudo, por volta de 387, retornou a Atenas e lá fundou sua Academia, por alguns considerada a primeira universidade. Era um lugar de estudos filosóficos, matemáticos e científicos, com o objetivo de aprimorar a vida política nas cidades gregas, e Platão continuaria à sua frente até o fim da vida. A maior parte das suas obras nos chegou em forma de conversas, conhecidas como diálogos, entre Sócrates e diversas outras pessoas. Como o próprio Platão nunca aparece, podemos deduzir, com boa dose de segurança, que compartilhava das opiniões do mestre.

Nos primeiros diálogos, Sócrates tenta trazer à tona definições da virtude moral, questionando os interlocutores a respeito de suas crenças: assim, por exemplo, discute a devoção religiosa com Eutífron, especialista em religião, e a coragem com Laques, general, nos diálogos que levam os nomes dos dois. E investe nessa missão de forma tão rigorosa e implacável que as afirmações inicialmente confiantes dos interlocutores vão sendo desmontadas passo a passo, revelando todas as suas incoerências, e todos, inclusive Sócrates, acabam desnorteados. O que podia ser um exercício intelectual satisfatório para ele, mas certamente enfurecia os demais.

Os diálogos intermediários — entre os quais *Fédon* (uma discussão da morte de Sócrates, levando a se falar da imortalidade) e *A República* (considerações sobre a justiça no que diz respeito ao indivíduo e ao Estado) — evidenciam uma abordagem mais positiva e construtiva. Neles, Platão delineia algumas ideias importantes: a alma é imortal e consiste em três partes (apetitiva:

busca satisfazer os apetites básicos; irascível: responsável pelas qualidades ativas, como a coragem; racional: representada pelo intelecto); o conhecimento é, na verdade, lembrança de uma época anterior ao aprisionamento da nossa alma imortal em nosso corpo; e o mundo material em constante transformação dos objetos (pálidas sombras que só identificamos pela percepção, opinião ou crença) encobre a realidade eterna das formas, que existem além da compreensão da maioria das pessoas. Perfeitas e ideais, essas formas são o supremo objeto do conhecimento.

A famosa alegoria da caverna se encontra na *República*. Nela, Sócrates (por intermédio de Platão) diz que os seres humanos são prisioneiros acorrentados a vida inteira numa caverna, percebendo o mundo exclusivamente por meio de sombras projetadas na parede à sua frente pela luminosidade de uma fogueira que têm por trás. Em outras palavras, eles veem as sombras, e não a realidade; na verdade, as sombras *são* a sua realidade. O papel do filósofo na sociedade é sair da caverna e ver o mundo como ele realmente é.

Quanto à alma, mais uma vez, o filósofo será capaz de manter as três partes em harmonia, não permitindo que nenhuma domine. E o mesmo se pode dizer da sociedade, pois Platão equipara as três partes da alma a estas três classes da sociedade: os governantes, os soldados e o povo. Pois, para que haja uma sociedade justa, cada classe deve se manter na própria esfera, cuidando o governante de mergulhar na filosofia em busca de ajuda para sua missão — embora nas duas vezes em que tentou pôr em prática suas teorias, em Siracusa, na década de 360, instruindo Dionísio II sobre como se tornar um rei-filósofo, Platão tenha se envolvido numa disputa política, logo retornando a Atenas.

Os últimos diálogos voltam à questão das formas, investigando mais profundamente conceitos de conhecimento, revisitando a República ideal e explorando o mundo natural por meio da física, da química, da fisiologia e da medicina.

A Academia de Platão prosseguiu em funcionamento até o ano de 529 da nossa era, quando foi fechada pelo Imperador Justiniano, na tentativa de reprimir a cultura helenística pagã, mas suas ideias não desapareceram. Ainda hoje, indubitavelmente, é considerado aquele que introduziu a argumentação filosófica tal como a concebemos, nunca tendo sido superado no alcance e profundidade. Como assinalou Alfred North Whitehead em *Process and Reality*, "o modo mais seguro de definir globalmente a tradição filosófica europeia é considerá-la como uma série de notas de rodapé referentes a Platão".

MAS, ENTÃO, O QUE É AMOR PLATÔNICO?

Como a maioria das pessoas está careca de saber, um relacionamento platônico envolve afeto, inclusive de caráter íntimo, mas sem sexo. O que nem todos sabem é que essa definição remonta a Platão e à sua doutrina das "formas". Por trás do desejo sexual constantemente pulsando no mundo material e exigindo satisfação imediata, está a forma idealizada da beleza a que aspira o amor verdadeiro. Aparentemente, claro.

ARISTÓTELES

(384 — 322)

SÁBIAS PALAVRAS

"O bem humano vem a ser um exercício ativo da alma em conformidade com a excelência ou a virtude [...]. Mas esse exercício deve se dar ao longo de toda uma vida, pois uma andorinha só não faz verão, como tampouco um belo dia apenas."

Ética a Nicômaco

42 A HISTÓRIA DA FILOSOFIA PARA QUEM TEM PRESSA

Filho de um médico — na verdade, *o* médico da corte dos reis cada vez mais poderosos da Macedônia —, Aristóteles nasceu em Estagira, no norte da Grécia. Em 367, foi para Atenas, inicialmente como aluno e mais tarde professor na Academia de Platão. Afastou-se vinte anos depois, possivelmente contrariado por não ter sido escolhido para o lugar de Platão quando o grande mestre morreu, e, entre outras coisas, passou algum tempo como tutor do jovem Alexandre (que ainda não era o Grande). Voltou a Atenas no ano 335 e fundou sua própria escola, denominada Liceu, porque ficava perto do lugar onde era homenageado Apolo Liceu, o deus Apolo encarnado como lobo. Lá, Aristóteles ensinaria durante doze anos, mas teve de se afastar à morte de Alexandre (já agora o Grande) em 323, quando Atenas foi varrida por uma onda de sentimento antimacedônio que também o atingiu.

A maior parte da obra de Aristóteles sobreviveu em forma de tratados ou anotações de aulas. Ele parecia ter algo a dizer sobre praticamente todos os temas: lógica, metafísica, ética, política, retórica, poesia, análise literária, meteorologia, astronomia, biologia, zoologia, física e psicologia. Originalmente, essas anotações deveriam se destinar ao aprofundamento dos alunos, e não ao público em geral, mas elas seriam reunidas no século I a.C. por Andrônico de Rodes, tendo sido muito provavelmente editadas. Isso significa que as primeiras versões publicadas da obra de Aristóteles, sem falar das traduções posteriores para o latim e para o árabe, se baseavam na interpretação de outra pessoa, mas isto não importa. O fato é que o seu *Órganon* (obra na qual estabelece as bases da lógica formal), a *Metafísica*, a *Ética a Nicômaco*, a *Política*, a *Retórica* e a *Poética*, assim como muitas outras obras, ainda hoje podem ser lidas.

Aristóteles foi aquele que, de fato, criou a ciência da lógica, refinando regras universais do raciocínio para contribuir para a busca do conhecimento. Vejamos como exemplo esta sua proposição:

1º **passo:** Todos os homens são mortais.
2º **passo:** Sócrates é um homem.
3º **passo:** Logo, Sócrates é mortal.

É um caso clássico de silogismo, ou seja, concluir por dedução. Em termos mais simples: se os passos 1 e 2 são verdadeiros, podemos inferir o passo 3.

Depois, temos sua obra sobre metafísica — a busca dos princípios primeiros. Tudo que existe pode ser atribuído a uma categoria: será, portanto, uma substância ou uma qualidade ou uma quantidade ou... (Aristóteles chega, em certos casos, a mencionar dez categorias). Mas há uma hierarquia: voltando a Sócrates, o fato de ser ele um homem (ver acima) significa que faz parte das substâncias; suas qualidades pessoais não podem anteceder a sua substância. Por outro lado, a própria substância é feita de matéria (as partes físicas constituintes) e forma (a estrutura, normalmente determinada pela função). Não se trata da "forma" no sentido que encontramos em

Platão, uma versão idealizada existindo em outro lugar, mas de algo enraizado no aqui e agora — a essência universal de qualquer objeto. Aristóteles identifica então quatro causas de tudo: a causa material (aquilo de que algo é feito); a causa formal (o que de fato é); a causa eficiente (seus meios de criação); e a causa final (seu propósito).

Quanto à ética, Aristóteles assinala que, embora nós todos busquemos uma vida boa, "bom" não é uma qualidade específica, particular. Para poder ser considerado bom, um homem precisa, antes, estabelecer qual a sua função; só então, quando a houver desempenhado bem, alcançará seu objetivo. Como a função do homem — aquilo que é capaz de fazer, mas não está ao alcance de nenhum outro objeto — é raciocinar, e, por extensão, controlar seus desejos e sua conduta *por meio* da razão, a sua busca tem um aspecto ético ou moral. A virtude é uma questão de encontrar o equilíbrio certo — a famosa doutrina do meio-termo — entre vícios opostos.

Poderíamos prosseguir, mas a importância da contribuição de Aristóteles na ampla gama de temas que abordou vai muito além das doutrinas que abraçou e das conclusões a que chegou. O que o tornou uma figura tão importante foi a análise hábil e lúcida dos raciocínios, não surpreendendo que sua influência se tenha estendido da filosofia cristã medieval (Tomás de Aquino, pág. 84) e islâmica (Averróis, pág. 77) chegando até o mundo moderno.

ALGUÉM JÁ DISSE QUE VOCÊ É CÍNICO?

Se a resposta for positiva, a pessoa certamente queria dizer que você é debochado, sarcástico, dissimulado, que pratica atos imorais até. O que ela talvez não soubesse é que também se referia à escola filosófica particularmente associada a Diógenes de Sínope (*c.* 413 — *c.* 323). Os cínicos eram adeptos de uma forma radical de ascetismo e autossuficiência, considerando que a moral (e, portanto, a felicidade) dependia da renúncia aos elementos acessórios da civilização para retornar à simplicidade da natureza. Tornou-se lendário o desinteresse de Diógenes pelo conforto material e convenções sociais, tendo optado por viver num barril, e não numa casa. Quando perguntaram por que andava por Atenas carregando uma lamparina em plena luz do dia, ele respondeu que estava procurando um homem honesto. Uma outra história conta que, quando Alexandre, o Grande, perguntou a Diógenes do que gostaria, o filósofo respondeu: "Que você saia da frente do Sol e pare de fazer sombra em mim." Em outras palavras, ele não estava interessado em manifestações exteriores de sucesso. Toda a sua vida foi dedicada a solapar os valores e instituições artificiais de uma sociedade que ele considerava moralmente falida.

EPICURO

(341 — 270)

Nascido na ilha de Samos, de pais atenienses, Epicuro ensinou durante algum tempo na Ásia Menor, antes de se estabelecer em Atenas, por volta do ano 307. Fundou uma escola chamada O Jardim, que ficava — obviamente — no seu jardim, e ali ensinou até o fim da vida. Embora só tenham chegado a nós fragmentos da sua obra, suas opiniões perduraram graças aos escritos dos seguidores, particularmente o poeta e filósofo romano Lucrécio, em seu *Da natureza* (*De Rerum Natura*).

Tido como um hedonista (do grego *hedoné*, "prazer"), Epicuro afirmava que o prazer é o bem maior, sempre é bom e deve ser alcançado evitando-se a dor. No que diz respeito ao corpo, a saúde perfeita é a forma mais elevada de prazer; no caso da mente, é uma questão de liberdade em relação ao medo e à ansiedade. Embora todo prazer seja bom, certos prazeres inevitavelmente trarão também dor, e é onde deve entrar a sabedoria — que permite a cada um melhor escolher os seus prazeres.

Epicuro viria então a adaptar o atomismo, teoria exposta por um filósofo anterior, Demócrito, segundo a qual tudo no universo é constituído por minúsculas partículas movendo-se no espaço vazio. Enquanto para Demócrito os átomos caíam em linhas paralelas, como

CAPÍTULO DOIS: OS PODEROSOS GREGOS 47

chuva, porém colidindo de vez em quando de uma forma predeterminada para provocar mudanças, Epicuro considerava que os átomos podiam mudar de direção sem motivo aparente — ou melhor, tinham livre-arbítrio. Ele também era um empirista convicto, ensinando que todo conhecimento, em última instância, se baseia na observação e na dedução. Esses ensinamentos se alimentam de forma recíproca. Como os acontecimentos não tinham uma direção predeterminada, nem havia deuses controlando o que acontecia na vida das pessoas, eliminava-se uma possível causa de ansiedade. Nem havia por que se preocupar com a morte, pois ela representava o fim da consciência, e portanto não seria sentida. Em vez disto, Epicuro dava grande importância à amizade, considerando-a um fator decisivo da felicidade, e louvava os pequenos prazeres — comida e abrigo — preferentemente à riqueza ou ao poder político. Tudo isto nos faz estranhar que as definições modernas relativas a hedonistas e epicuristas se distanciem tanto de seu significado original (ver quadro da página seguinte).

EPICURO PODERIA SER CONSIDERADO UM HEDONISTA HOJE EM DIA? OU MESMO UM EPICURISTA?

Por um lado, sim, mas por outro, não.
O hedonismo é a doutrina ética segundo a qual
a busca do prazer é o objetivo da vida,
estando certamente ligada a Epicuro.
De fato, segundo o filósofo e estadista romano
Sêneca (pág. 53), na entrada da escola de Epicuro
lia-se o seguinte aviso: "Estrangeiro, aqui você fará
bem em se demorar; aqui nosso bem maior é o prazer."
Até aí tudo bem...
Mas claro que tudo depende do significado que
atribuímos a prazer. O fato é que nós não podemos
deixar de pensar que o que um hedonista moderno
busca deve ser muito diferente dos objetivos dos
seguidores de Epicuro, para os quais o prazer não
seriam duas semanas consumindo drogas em boates
de Ibiza, mas um estado de tranquilidade alcançado
pela ausência de dor e ansiedade.
Quanto ao fato de ser ou não um epicurista,
mais uma vez, o nome já diz tudo. Hoje em dia,
um epicurista é alguém que aprecia desfrutar da
boa mesa e de bons vinhos. O que dá prazer,
sem dúvida, mas não da maneira que o ilustre filósofo
— sabidamente abstêmio — tinha em mente.

OS ESTOICOS

Desta vez não é nenhum paradoxo... realmente existiu um outro Zenão. Quando tinha vinte e poucos anos, Zenão de Cítio (*c.* 333 — 262) chegou a Atenas, onde estudou na Academia por algum tempo. Viria mais tarde a lecionar na Stoá Poikíle ("Pórtico Pintado" — ficando a sua *stoá* especificamente na Ágora, a praça pública principal, onde se montava o mercado), que daria nome à sua corrente filosófica, o estoicismo.

Provavelmente em decorrência da instabilidade política da época — pelo fim do século IV a.C., as cidades-estado gregas estavam em declínio, o que levou a maior insegurança pessoal e a uma sensação generalizada de desintegração moral —, os estoicos eram todos favoráveis a se mostrarem estoicos, no sentido moderno da palavra: indiferentes ao prazer e à dor, aos altos e baixos do destino. Mais especificamente, consideravam que a única coisa que podia ser totalmente controlada pelo indivíduo era a capacidade de assumir a atitude moral correta, que podia ser equiparada à virtude e se fundamentava no conhecimento. Para os estoicos, a felicidade era uma questão de saber o que fazer em qualquer circunstância, a qualquer momento. Correr atrás do sucesso era perfeitamente irrelevante. As ideias dos estoicos foram abraçadas, desenvolvidas e aprimoradas ao longo dos anos, voltando a se destacar sobretudo na época romana (Sêneca, pág. 53; Marco Aurélio, pág. 60).

CAPÍTULO TRÊS

ENTRAM EM CENA OS ROMANOS

Atenas foi politicamente marginalizada após a morte de Filipe II da Macedônia, em 338 a.C. Com as proezas militares de seu filho Alexandre, o Grande — em apenas doze anos ele sobrepujou o Império Persa, chegando seus exércitos até as estepes russas, o Afeganistão e o Punjab —, o equilíbrio de poder se modificou não só no interior da Grécia como em outras regiões mais distantes.

Depois da morte de Alexandre no ano 323, suas conquistas seriam repartidas — com muitas disputas — entre seus sucessores, Antígono, Cláudio Ptolomeu e Seleuco. Eles controlaram a criação do mundo helenístico a partir dos seus reinos na Macedônia, no Egito e na vasta parte oriental do império, disseminando a cultura grega de forma ampla. Mas Atenas continuou sendo o centro para os interessados nos estudos filosóficos.

Foi nesse contexto que certos pensadores — de novas gerações — começaram a se fazer presentes. Enquanto Alexandre empreendia suas viagens de conquista, Roma decidiu se mexer; em meados do século III, Alexandre tomou o controle de toda a Itália ao sul do Rio Pó. Dali, estendeu sua ação à Sicília, à Córsega e à Sardenha, e o resto do Mediterrâneo começou a parecer cada vez mais tentador.

Por volta do ano 200, os romanos já haviam — sem dúvida — estabelecido uma cultura própria, com sistemas políticos que viriam a se expandir na forma da República Romana. Inicialmente, qualquer romano que desejasse estudar filosofia viajava para Atenas, onde continuavam a funcionar as diferentes escolas. Tal situação chegou ao fim no ano 87, quando o estadista e general romano Lúcio Cornélio Sula sitiou e saqueou Atenas. A cidade foi arruinada, e vários dos seus filósofos emigraram, levando seus textos para outros centros do mundo mediterrâneo, entre eles Roma.

As escolas de filosofia nunca foram exclusivamente romanas, continuando a ser importadas da Grécia. Na verdade, não há obra filosófica escrita em latim antes do *Da natureza* de Lucrécio (Epicuro, pág. 46), e o próprio Lucrécio se referiu à dificuldade de encontrar palavras latinas com a necessária sutileza para expressar elementos mais refinados da física epicurista. Mas certas escolas de filosofia anteriores, especialmente o epicurismo e o estoicismo, influenciaram muitas esferas da vida romana. Contribuíram para elevar o nível da educação — com ênfase na retórica e na gramática —, assim como para a religião, com as análises da ética e da espiritualidade. E quando as guerras civis puseram fim à República em 27, abrindo caminho para os primeiros imperadores romanos, essas escolas até ajudaram os senadores romanos a suportar a perda de poder.

O pensamento estoico era tão influente — e, naturalmente, também adaptável a uma série de situações políticas — que, em meados do século I d.C., um dos seus mais destacados expoentes era tutor do futuro Imperador Nero, e, no século seguinte, podia se gabar de ter como um dos seus representantes um imperador (Marco Aurélio, pág. 60).

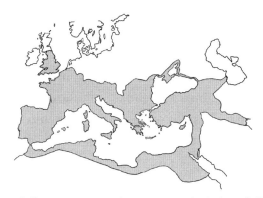

O Império Romano em sua máxima extensão, no início do século II d.C.

SÊNECA

(4 a.C. — 65)

SÁBIAS PALAVRAS

"Quem não souber morrer bem terá vivido mal."
Da tranquilidade da alma

O estoico romano Lúcio Aneu Sêneca (o Moço) nasceu em Córdoba, Espanha, filho de um abastado e bem relacionado orador e historiador. Na juventude, ele estudou filosofia e retórica em Roma, com o objetivo de seguir carreira na política. Com certeza, fez bons contatos na cidade, pois, na faixa dos 30 anos, já frequentava os círculos imperiais. Entretanto, como muitos viriam a descobrir com o passar dos anos, era praticamente impossível sair ileso das intrigas palacianas.

Beneficiado durante o reinado de Calígula, Sêneca seria banido no ano 41, sob a acusação de cometer adultério com Júlia, irmã de Calígula (e sobrinha do novo imperador, Cláudio), que, segundo inúmeros relatos, era chegada a uma infidelidade. Passaria os oito anos seguintes na Córsega, sendo então chamado de volta a Roma para ser o tutor do jovem Nero. Quando este se tornou imperador em 54, Sêneca manteve inicialmente sua influência, sendo nomeado cônsul três anos depois, e com isto amealhando considerável fortuna. Contudo, no fim das contas, o imperador, de notória instabilidade, voltou-se contra ele, e Sêneca se retirou da vida pública em 62. O que infelizmente não impediu que Nero ordenasse o seu suicídio três anos mais tarde — sobre o qual falaremos logo adiante.

A filosofia de Sêneca está contida em seus *Tratados morais* e nas *Cartas morais a Lucílio*, uma série de dez diálogos e 124 cartas em latim, em que ele dá conselhos práticos sobre vários temas: a providência, a amizade, a brevidade da vida, o temor da morte, o medo injustificado, a ira, a virtude, a felicidade, os lucros, a clemência, a simplicidade, a tranquilidade... Desse conjunto fazem parte as famosas *Consolações*, em particular a que dirigiu

CAPÍTULO TRÊS: ENTRAM EM CENA OS ROMANOS

à mãe, Hélvia, quando exilado na Córsega, e outra endereçada a uma mulher chamada Márcia, a respeito da morte dos seus dois filhos; em ambos os casos, tenta mostrar de que maneira a razão pode ajudar alguém a suportar a infelicidade com coragem. Em todos esses textos, o autocontrole assume fundamental importância. Para Sêneca, ninguém pode ser considerado grande se não tiver aprendido a dominar os próprios desejos. O sofrimento não passa de um teste capaz de fortalecer o indivíduo, enquanto a raiva (ira), a tristeza e o medo constituem armadilhas emocionais que o escravizam.

Há quem sustente que o estoicismo de Sêneca decorreu antes das lutas que teve de empreender em virtude dos acontecimentos de sua vida do que de uma convicção filosoficamente deliberada. E, de fato, constatamos contradições entre o Sêneca político e o Sêneca filósofo estoico, o homem rico convivendo tranquilamente com imperadores enquanto pregava virtudes de autocontrole e simplicidade na vida. Mas seu empenho era no sentido de aplicar a filosofia de maneira prática, e, na qualidade de tutor de um imperador, estava em melhores condições que a maioria de tentar pôr em prática suas ideias.

Seja como for, embora sua vida possa ter sido contraditória, ele certamente teve uma morte corajosa e digna — além de terrivelmente prolongada. Recebida a ordem de Nero de cometer suicídio por ter participado da Conspiração de Piso, Sêneca cortou as veias do braço com uma adaga; como não funcionasse, bebeu um veneno mortal chamado cicuta.

"SÊNECA NÃO PODE SER PESADO DEMAIS..."*

É uma fala de Polônio em *Hamlet*, referindo-se aos atores itinerantes que muito convenientemente apareceram em Elsinore, e ao mesmo tempo demonstrando que o público elizabetano conhecia Sêneca como dramaturgo. Além dos textos filosóficos, Sêneca escreveu oito grandes, sangrentas e empoladas tragédias: *A loucura de Hércules, As troianas, As fenícias, Medeia, Fedra, Agamenon, Tiestes* e *Édipo*. Todas adaptadas de originais de Eurípides, Ésquilo e Sófocles, mas, enquanto esses dramaturgos gregos deixavam a violência como pano de fundo, Sêneca a trazia ao primeiro plano, com generosas doses de vingança e de elementos sobrenaturais, terminando o espetáculo com o palco coberto de cadáveres. Por acaso não lembra Shakespeare, um pouquinho que seja? Infelizmente, para os contemporâneos de Sêneca, tudo isso, com certeza, lembraria bem de perto as condições de vida na corte de Nero.

---

* Na tragédia de Shakespeare, a fala "Sêneca não pode ser pesado demais, ou Plauto demasiado leve" é um comentário do personagem Polônio sobre a excelência dos atores que visitam o castelo real dinamarquês de Elsinore (Helsingor), capazes de representar tanto tragédias pesadas como comédias leves. (N.T.)

CAPÍTULO TRÊS: ENTRAM EM CENA OS ROMANOS

EPICTETO

(55 — 135)

SÁBIAS PALAVRAS

"Mas o que é a filosofia? Não significa nos prepararmos para as coisas que nos acontecem?"

Discursos

Nascido como escravo em Hierápolis, na Frígia (hoje parte da Turquia), Epicteto foi com seu senhor para Roma, onde estudou com o mestre estoico Musônio Rufo. A certa altura, foi alforriado e começou a lecionar, porém, em 89 foi banido de Roma, juntamente com outros filósofos, pelo Imperador Domiciano. Epicteto decidiu se estabelecer em Nicópolis, no noroeste da Grécia, onde fundou uma escola que viria a alcançar enorme sucesso.

Entre seus alunos estava o futuro historiador Arriano, que reuniu nos *Discursos* e no *Manual* os comentários de Epicteto sobre obras de estoicos anteriores. Escritos em grego com o objetivo de esclarecer o modo filosófico de viver, os *Discursos* — que formavam originalmente oito volumes, dos quais apenas quatro chegaram até nós — abarcam temas como a amizade, a doença, o medo, a pobreza, a conquista e a preservação da tranquilidade, e por que é errado se irritar e ficar com raiva dos outros. O *Manual*, como já diz o nome, é um manual de ética estoica, ilustrado com exemplos da vida cotidiana.

Em ambas as obras, Epicteto ensina que o objetivo da filosofia é permitir ao indivíduo ter uma vida melhor, viver virtuosamente em harmonia com a natureza e na plena consciência das responsabilidades em relação aos outros, assim alcançando a felicidade. O ponto de partida não pode deixar de ser o autoexame, com a avaliação daquilo que na vida pode ou não ser controlado, já que a causa da infelicidade é nos preocuparmos com coisas sobre as quais não temos poder. De modo que temos direito a nossas opiniões — gostar ou não gostar, julgamentos e assim por diante —, mas questões como saúde, riqueza e todas as formas de reconhecimento público estão fora do nosso controle. A escolha a ser feita é entre a liberdade decorrente da prática da vontade *moral* e a

CAPÍTULO TRÊS: ENTRAM EM CENA OS ROMANOS

escravidão resultante dos equívocos gerados pelos atrativos exteriores do sucesso. Com disciplina e autoconhecimento será possível alcançar as metas da imperturbabilidade (*ataraxia*) e da liberdade em relação às paixões (*apatia*), no confronto com as contrariedades da vida, e, nas palavras do *Manual*, "não lhe serão impostos obstáculos nem obrigações, você não porá a culpa em ninguém, a ninguém acusará, nada fará contra a sua vontade, ninguém o prejudicará, você não terá inimigos, pois nenhum mal pode atingi-lo".

O estoicismo prático de Epicteto não se destinava à elite governante — embora o Imperador Adriano aparentemente frequentasse vez por outra suas palestras —, mas sim a um público muito mais amplo, o povo. Que provavelmente o considerava bastante reconfortante numa época em que ficava cada vez mais evidente, no terreno político, que tinha pouco ou nenhum poder frente à força da máquina imperial.

"PARA SI MESMO"

Marco Aurélio jamais usou o título *Meditações*. Na verdade, esses textos não foram escritos para os seus contemporâneos nem chegaram a ser vistos por eles. Seriam publicados em livro, pela primeira vez, em 1558, por Andreas Gesner, em Zurique, em tradução para o latim de Wilhelm Xylander.

> O manuscrito original com o qual os editores trabalharam se encontrava na biblioteca de Otto Heinrich, o Eleitor Palatino, e se perdeu. Ao que tudo indica, continha a inscrição "*tà eis heautón*" ("para si mesmo"), o que reflete o fato de que Marco Aurélio registrava reflexões de caráter pessoal e íntimo, e não para outras pessoas.

MARCO AURÉLIO

(121 — 180)

SÁBIAS PALAVRAS

"Considere que tudo que acontece acontece
por um motivo justo, e, se observar atentamente,
verá que assim é."

Meditações

Na qualidade de favorito do Imperador Adriano, Marco Aurélio foi educado por alguns dos melhores professores de Roma, entre eles o orador Marco Cornélio Frontão (chegaram até nós cartas trocadas pelos dois), e desde cedo mostrou forte interesse pela filosofia, especialmente as obras de Epicteto. Foi adotado em 138 por Antonino Pio, que nesse ano havia sucedido a Adriano no trono imperial, e viria a ser nomeado cônsul em 140 e em 145. Exercendo conscienciosamente seus deveres públicos ao

CAPÍTULO TRÊS: ENTRAM EM CENA OS ROMANOS   61

mesmo tempo que prosseguia os estudos de filosofia e direito, Marco Aurélio se tornaria imperador em 161. Em seu reinado, Marco Aurélio teve de enfrentar ameaças militares nas regiões Norte e Leste do império. Houve conflitos na Bretanha, ao longo do Rio Reno e do Danúbio, mais ao norte, enquanto a leste os partas invadiam a Armênia e a Síria. Para agravar as coisas, a peste se alastrou nos exércitos orientais e depois em Roma. Enquanto enfrentava esses problemas em campo entre 170 e 180, o imperador registrou seus pensamentos sobre toda uma série de temas nas horas de descanso no acampamento militar onde ele estivesse. Essas anotações, que devem ter começado como um diário pessoal escrito em grego, viriam a se transformar nos doze volumes das *Meditações*.

As *Meditações* constituem uma espécie de manual estoico de autoajuda. Para Marco Aurélio, o supremo objetivo da vida é viver em harmonia com o universo, do qual cada um de nós é parte e ao qual voltaremos. A maneira de alcançá-lo é ignorar a distração dos prazeres mundanos e buscar, isto sim, o autocontrole, que decorre do emprego da razão. Mais importante do que o que as pessoas *são* é a maneira como se comportam, e elas podem se educar para se comportar melhor seguindo os princípios estoicos. Entre as qualidades valorizadas pelo imperador estão a moderação, a simplicidade, a constância, o autocontrole, a aceitação da providência, a capacidade de controlar a raiva e a indiferença ao que não pode ser mudado.

Escrevendo em 1503, Maquiavel (pág. 93) se referiu a Marco Aurélio como o último dos "Cinco Bons Imperadores", louvando-o por ter levado uma vida correta e demonstrado tal dedicação ao dever. Do ponto de vista do imperador, sua interpretação da filosofia estoica, dando ênfase à aceitação das responsabilidades, ao exercício do autocontrole e à capacidade de suportar o que quer que se manifeste, deve ter sido particularmente reconfortante numa época de guerras e peste.

ATENAS NOVAMENTE NA MODA

Com seu grande interesse pela filosofia, para não falar da sua influência como mestre do universo, o Imperador Marco Aurélio criou quatro cátedras em Atenas, no ano 177. Havia uma para cada escola filosófica — platônica, aristotélica, estoica e epicurista —, e os salários eram excelentes!

PLOTINO

(*c.* 205 — 270)

Nascido no Egito, Plotino estudou filosofia em Alexandria durante onze anos, até participar da expedição do Imperador Gordiano contra os persas, em 243. Com isto, esperava conhecer melhor a filosofia persa e a indiana,

CAPÍTULO TRÊS: ENTRAM EM CENA OS ROMANOS

mas, quando Gordiano foi assassinado, na Mesopotâmia, Plotino abandonou seus planos e fugiu para Antioquia (hoje parte da Turquia). Tomou, em seguida, o caminho de volta para Roma, chegando em 244, e lá ele passaria a maior parte do resto da vida ensinando filosofia, tendo se afastado da capital apenas pouco antes de morrer. Em 253, Plotino começou a redigir os tratados que, após sua morte, seriam coligidos pelo discípulo Porfírio e publicados por volta do ano 300 sob o título *Enéadas* (do grego *ennéa*, "nove", pois cada um dos seis volumes continha nove tratados). Eles lançavam as bases do neoplatonismo, sintetizando e combinando os ensinamentos filosóficos de Aristóteles, dos pitagóricos e dos estoicos com os de Platão. Como Platão, Plotino insiste que o intelecto é superior aos sentidos, e o mundo espiritual ao mundo material. Seu universo pode ser dividido numa hierarquia de realidades, em cujo topo está o "Uno". Transcendental, perfeito e completo em si mesmo, o Uno — que se equipara ao "Bem" na *República* de Platão — não tem atributos nem partes componentes. É simplesmente suprema bondade, emanando como a luz emana do Sol, ou melhor, transbordando, para formar o mundo imediatamente abaixo: o Intelecto. Este, concebido pela mente do Uno, é o mundo das ideias e dos conceitos — equiparáveis às "formas" em Platão —, que, por sua vez, transbordam para o mundo da Alma, que é eterna, mas gera e ordena ativamente o universo visível. Da Alma descemos à Natureza, povoada pelas almas individuais, e, em seguida, ao mundo material, que é a mais débil das realidades, já incapaz de emanação. Cada indivíduo tem elementos da matéria, da natureza, da alma e do intelecto, devendo aspirar, pela contemplação e pela autodisciplina, a percorrer de volta essa hierarquia. O próprio Plotino declarava ter experimentado o êxtase decorrente da união com o Uno.

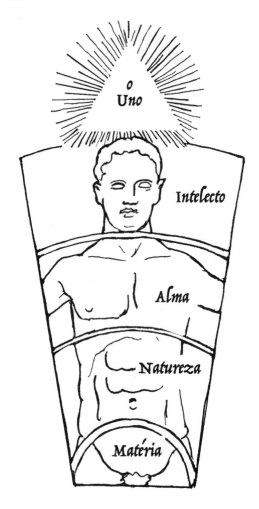

CAPÍTULO TRÊS: ENTRAM EM CENA OS ROMANOS

65

Em sua fusão das ideias (obras) de pensadores anteriores, o neoplatonismo de Plotino pode ser considerado a derradeira grande contribuição à filosofia clássica. Ao mesmo tempo, a ênfase na contemplação como recurso para os simples seres humanos se comunicarem com o Uno, muito próximo da ideia de Deus, exerceu considerável influência na teologia cristã primitiva, especialmente na obra de Santo Agostinho, lançando uma ponte entre o mundo antigo e o medieval.

NEUPLATONISCH?

A expressão neoplatonismo não teria sido usada no mundo antigo. Parece ter entrado em uso na Alemanha, em meados do século XIX, quando foi decidido pelos acadêmicos que as novas ideias veiculadas por Plotino e seus seguidores — que provavelmente se consideravam platônicos — justificavam a distinção.

CAPÍTULO QUATRO

CRISTÃOS, MUÇULMANOS E UM ÚNICO JUDEU

Deve ter ficado mais que evidente que nem tudo andava muito bem no mundo romano quando, em 308, eram nada menos que seis os imperadores vigentes, três no lado oriental e três no ocidental. As indicações sugeriam que não demoraria muito para o vasto império, difícil de administrar, rachar em dois. Depois de muitos choques, a luta pelo poder no lado ocidental se concentrou numa disputa entre Maxêncio e Constantino, que se enfrentaram pela última vez na ponte Mílvia, perto de Roma, em 312. Constantino saiu vitorioso frente às forças superiores do rival e, reza a lenda, contou com ajuda divina.

Em sua *Vida de Constantino*, Eusébio — tido como o "pai da história da Igreja" e tornado bispo de Cesareia, na Palestina, mais ou menos pela altura dessa batalha — conta que, na noite anterior à grande vitória, Constantino viu uma cruz em chamas com a inscrição "A este sinal vencerás". O sinal era o Chi-Rho (Qui-Rô), as letras gregas sobrepostas que formam um cristograma: as duas letras iniciais de Cristo. Há autores que contam versões diferentes da história, mas todos concordam com o fato de que Constantino imediatamente se converteu ao cristianismo. No ano seguinte, ele e Licínio, a essa altura imperador do lado oriental, lançaram o Édito de Milão, estendendo a tolerância religiosa aos cristãos de todo o império. É evidente que os cristãos já se encontravam por lá havia tempo, mas, pela primeira vez, recebiam algum apoio oficial. Chega de atirá-los aos leões!

Mais ou menos uns trezentos anos depois, outro império, baseado em uma outra religião, entraria em cena. O Profeta Maomé, o fundador do islã, nasceu em Meca por volta de 570. Aos 40 anos, tendo passado muito tempo em contemplação religiosa, começou a pregar a nova fé baseada no Alcorão, revelado a ele por Alá, o Deus todo-poderoso, justo e misericordioso. Maomé condenava a idolatria e a superstição, exortando cada um a levar uma vida melhor por meio da oração, do jejum e da caridade.

Suas ações — era visto como um agitador, um criador de problema — não devem ter agradado às autoridades: os habitantes de Meca acabaram por se insurgir contra ele e seus seguidores.

Em 622 — ano da Hégira (literalmente, "partida"), representando o ano 1 para os muçulmanos —, eles fugiram para Medina, onde Maomé se tornou o governante e juiz supremo da cidade. De lá, entraria em guerra contra os inimigos do islã, e, no ano 630, tomou Meca. Dessa vez, seria reconhecido como governante e profeta da nova religião, que começou a se espraiar pela Arábia. Maomé adoeceu pouco depois de retornar da sua última peregrinação a Meca, em 632, tendo morrido no mesmo ano.

Os sucessores imediatos, os quatro califas ortodoxos, estiveram à frente de um período de expansão militar no qual o islã foi introduzido em vastos territórios que pertenciam aos impérios romano e persa, com todas as convergências culturais daí decorrentes. Os califas omíadas, que vieram em seguida, deram prosseguimento à expansão pelo norte da África até a Espanha, a partir de sua capital, Damasco. A dinastia seguinte, dos abássidas, transferiu a capital de Damasco para a recém-fundada cidade de Bagdá, de onde tentou manter sob controle o seu império em rápida expansão, de meados do século VII até ser subjugada pelos mongóis, no século XIII.

No apogeu dos abássidas, Bagdá tornou-se um respeitável celeiro intelectual para estudiosos muçulmanos e não muçulmanos. Os abássidas promoveram a tradução

CAPÍTULO QUATRO: CRISTÃOS, MUÇULMANOS E UM ÚNICO JUDEU 69

para o árabe de obras do mundo clássico sobre filosofia, ciências, medicina e educação, que, de outra forma, teriam sido perdidas. Dinastias muçulmanas rivais se estabeleceram em diferentes partes do império, também tendo fomentado a erudição e a investigação intelectual. Particularmente o Cairo, no Egito, sob os fatímidas, e Córdoba, na Andaluzia, sob os omíadas, se tornaram centros importantes, onde grandes pensadores de diferentes religiões floresceram, num espírito de tolerância envolvendo cristãos e judeus.

Já nos primeiros tempos da expansão muçulmana, a Europa Ocidental cristã estagnava. Embora a Idade das Trevas não fosse assim tão trevosa quanto se costuma dizer, não parecia mesmo estar acontecendo grande coisa no terreno intelectual. Mas, no século XII, os textos clássicos que haviam sido traduzidos para o árabe em Bagdá e em outros centros islâmicos, especialmente as obras de Aristóteles, começaram a fazer o caminho inverso, retraduzidos para o hebraico, o grego e o latim, e mais uma vez podendo ser lidos no Ocidente.

Desse modo, na Idade Média, as três grandes religiões monoteístas — o judaísmo, o cristianismo e o islamismo — entraram em contato com a filosofia grega. Nos três casos, as obras de Aristóteles eram a principal referência, mas também havia interesse pelo neoplatonismo, que, ao mesmo tempo, influenciava as interpretações de Aristóteles e tentava atrair atenção para si mesmo, pois o que os diferentes pensadores religiosos queriam fazer agora era aplicar as ideias dos filósofos antigos às suas teologias específicas.

O SEGUNDO MESTRE

Foi o título dado a Al-Farabi (*c.* 870 — 950), o mais antigo filósofo religioso islâmico, ou *falasifa*, como eram conhecidos esses filósofos em árabe. O título de uma de suas obras, *Harmonização das opiniões dos dois sábios: o divino Platão e Aristóteles*, deixa bem claras suas intenções. A ideia era promover uma síntese do "Uno" místico de Plotino e dos neoplatônicos com a lógica e o empirismo de Aristóteles — o Primeiro Mestre — para então aplicá-la à teologia. Sua visão teria enorme influência sobre os posteriores filósofos muçulmanos, cristãos e judeus.

SANTO AGOSTINHO DE HIPONA

(354 — 430)

SÁBIAS PALAVRAS

"Dai-me castidade e continência, mas não agora."
Confissões

Nascido no norte da África, de mãe cristã e pai pagão, Agostinho pode ser considerado uma ponte entre a filosofia clássica e a cristã, embora no início pouco tivesse a ver com o cristianismo. Na juventude, ensinou retórica em Cartago, na época um próspero centro intelectual.

CAPÍTULO QUATRO: CRISTÃOS, MUÇULMANOS E UM ÚNICO JUDEU

Foi lá que teve um filho com sua amante e se envolveu com o maniqueísmo — um sistema de crenças religiosas centrado na luta constante entre a luz e as trevas/o bem e o mal. O ceticismo despertaria o seu interesse, seguido pelo neoplatonismo, para o qual se voltou intensamente quando lecionava em Roma e depois em Milão. Inclusive, foi em Milão, no ano 387, que Agostinho se converteu ao cristianismo. Seria batizado no ano seguinte, ordenado padre em 391 e nomeado bispo de Hipona (atualmente na Argélia) em 396.

Agostinho foi um prolífico autor, e suas principais obras, *Confissões* e *A cidade de Deus*, são lidas até hoje. Para ele, a filosofia e a teologia estão indissoluvelmente ligadas. Convertido, o cristianismo tornou-se sua verdadeira filosofia, ao passo que as crenças e escolas filosóficas pagãs, que anteriormente abraçava, passaram a ser tratadas como teologias menos desenvolvidas — recursos capazes de ajudá-lo a esclarecer a mensagem cristã.

EM QUE LUGAR DA TERRA?

Enquanto, na *República*, Platão descrevia um Estado ideal governado por reis filósofos, Al-Farabi falava de profetas imãs e se referia à Medina como a cidade perfeita, governada por Maomé. Para Santo Agostinho, a Cidade de Deus era antes um lugar espiritual que geográfico e a Igreja, seu equivalente na Terra.

De Platão e dos neoplatônicos, Agostinho extraiu a ideia de uma distinção entre o mundo transitório e imperfeito das coisas materiais, acessado pelos sentidos, e o mundo eterno e perfeito, acessado pelo intelecto: a Cidade dos Homens *versus* a Cidade de Deus. Essa distinção faz parte de uma hierarquia mais ampla e integrada, que começa com a unidade absoluta e vai descendo por níveis de crescente materialidade. A unidade absoluta é Deus, a suprema origem de tudo que vem depois. Sinônimo de Ser, Bondade e Verdade, Deus é o ponto fixo que unifica tudo numa hierarquia eterna e racional, e é para Deus que os indivíduos devem abrir a mente, para alcançar a sabedoria e a iluminação.

Como, então, explicar o mal num mundo de ordenação divina? A abordagem dualista do maniqueísmo não servia como resposta, pois Deus é unidade. A culpa cabe, na verdade, ao pecado original. O divino existe dentro de nós, mas foi maculado pelo que aconteceu no Jardim do Éden. Existe, contudo, um remédio ao nosso alcance: a graça divina. Os eleitos — os escolhidos de Deus — estavam predestinados a ser salvos da danação no fogo. Isto não comprometia o livre-arbítrio de cada indivíduo para determinar seus atos, mas estando Deus presente o tempo todo, e sendo o mundo espiritual eterno, Ele já sabia como haveriam de se comportar, e o levara em conta antes de elegê-los.

Basicamente, a fé vinha em primeiro lugar com Agostinho, como ponto de partida do qual buscar a sabedoria. Na sua formação de professor, passou do ensino da retórica ao ensino do cristianismo, usando a própria vida como exemplo e aplicando seu intelecto rigoroso a uma ampla gama de pontos doutrinários que lhe pareciam requerer esclarecimento.

AVICENA

(980 — 1037)

O mais destacado médico e filósofo da sua época — além de criança-prodígio (era capaz de recitar o Alcorão de cor antes de completar 10 anos) e polímata (escreveu sobre lógica, química, física, geologia, psicologia, metafísica e astronomia, para mencionar apenas alguns campos do conhecimento) —, Ibn Sina é mais conhecido no Ocidente pela versão latina de seu nome, Avicena. Nasceu em Bucara (no atual Uzbequistão), onde foi educado, e, segundo sua modesta autobiografia, aos 18 anos já tinha aprendido tudo que havia para aprender. Avicena menciona, especificamente, que pelejou durante um ano e meio com a *Metafísica* de Aristóteles, relendo-a quarenta vezes, até considerar que havia entendido plenamente todo o seu significado, graças a um comentário de Al-Farabi.

O interesse de Avicena em aplicar as ideias aristotélicas e neoplatônicas à teologia islâmica se expressa plenamente em sua principal obra filosófica, *O livro da cura*, abrangendo questões de lógica, ciências naturais e metafísica. No livro, ele fala da distinção entre ser necessário e ser contingente, ou, em outras palavras, entre essência, que simplesmente *é*, e existência, uma questão que não se pode responder com tanta segurança — ou, em outras palavras, entre algo que *é* e a forma que vem a assumir. Para que a essência de algo existente assuma forma física, é necessário que haja uma causa anterior — algo mais poderoso, de existência por sua vez superior na hierarquia. Há toda uma hierarquia de entidades existentes, mas no alto certamente deve haver algo que não foi causado por nada. É o Ser Necessário, no qual essência e existência são idênticas. Na verdade, trata-se de Deus — existente por si mesmo e causa de todas as outras entidades.

Avicena foi de encontro às propostas dos teólogos muçulmanos tradicionais ao rejeitar a ideia de que Deus criou o mundo do nada. Ele argumenta que, na verdade, o mundo não tem início, sendo uma consequência natural da existência de Deus como o "Uno", cuja essência é conhecimento, vontade e poder. Como causa primordial sem causa, Ele é necessariamente o criador.

Parece lógico ou não?

O HOMEM FLUTUANTE

Avicena pede que imaginemos que um homem adulto de repente aparece flutuando no ar, de olhos vendados e braços e pernas abertos. Ele nada enxerga; nada toca. Mas, mesmo sem qualquer sensação, tem consciência da própria existência. Seria uma remota versão do "Penso, logo existo"?

SANTO ANSELMO

(1033 — 1109)

SÁBIAS PALAVRAS

"Pois nisto também acredito:
a menos que eu creia, jamais entenderei."
Proslógio

Nascido em Aosta, Anselmo deixou a Itália em 1056 para entrar para a abadia beneditina de Bec, na Normandia, onde estudou sob a orientação de Lanfranc, um dos mais destacados eruditos da Igreja na época. No ano 1093, sucedeu a Lanfranc como arcebispo da Cantuária, em cuja catedral seria sepultado.

Anselmo pode ser considerado o primeiro expoente da escolástica, que não era tanto uma filosofia, mas uma abordagem do aprendizado que se valia do raciocínio dialético para tratar das questões que surgiam, de modo a resolver aparentes contradições da teologia medieval. Seu objetivo era conciliar razão e fé, pois embora a razão não pudesse tomar o lugar da fé, era capaz de levar ao entendimento do que cada um já tivesse aceitado por meio da fé.

Anselmo ficou conhecido sobretudo por obras empenhadas em estabelecer provas da existência de Deus. No *Monológio*, afirma que, para que algo seja considerado bom, é necessário que haja um padrão objetivo: um bem absoluto que sirva de referência. Esse absoluto é o que chamamos de Deus. No *Proslógio*, ele vai mais adiante, enunciando seu famoso argumento ontológico (que só muito mais tarde passaria a ser chamado assim): se reconhecemos que Deus é o absoluto, um ser maior que qualquer outro que pudesse ser concebido, então Ele deve existir na realidade também, caso contrário seria possível conceber algo ainda maior.

É um desses argumentos que fazem mais sentido depois de uma ou duas garrafas de vinho — e, mesmo na época de Anselmo, era ridicularizado por certos estudiosos. Ao longo dos anos, contudo, ele continuou sendo discutido por uma série de filósofos, entre eles Descartes, Leibniz e Kant (págs. 101, 111 e 129).

AVERRÓIS

(1126 — 1198)

SÁBIAS PALAVRAS

"Como a filosofia é verdadeira e as escrituras reveladas também o são, não pode haver desarmonia entre elas."

Discurso decisivo sobre a harmonia entre a religião e a filosofia

O eminente filósofo islâmico Averróis, ou Ibn Rushd, nasceu numa importante família de juristas em Córdoba, na Espanha. Também tornou-se juiz, primeiro em sua cidade natal, depois em Sevilha e, por fim, em Marrakech, onde veio a falecer. Além da filosofia, ele escreveu sobre uma série de temas, entre eles jurisprudência e medicina, e a certa altura tornou-se também o médico do califa. No Ocidente, é mais conhecido pelos seus trinta e oito comentários às obras de Aristóteles e à *República* de Platão. Baseados em traduções árabes, alguns são simples resumos, porém outros contêm críticas às contribuições de comentaristas posteriores, não apenas dos neoplatônicos, como também de Al-Farabi e Avicena (págs. 70-1 e 73). Averróis se empenhava em retornar ao pensamento aristotélico "puro", em certa medida para desautorizar ataques de juristas e teólogos islâmicos que considerava decorrentes de interpretações equivocadas. Queria demonstrar que não havia conflito entre religião e filosofia, que eram apenas maneiras diferentes de alcançar a mesma verdade. Como a lei religiosa (*sharia*) se baseava na fé, não poderia e, portanto, não deveria ser testada; tampouco precisava de um treinamento especializado para ser entendida. O que significava que os teólogos, com seus argumentos dialéticos, estavam apenas confundindo a questão. Quanto à filosofia, devia ser reservada a uma elite com capacidade intelectual de estudá-la — cabendo aqui lembrar de Platão e dos seus reis filósofos.

Traduzidas para o hebraico e o latim, as obras de Averróis continuaram sendo estudadas no Ocidente até meados do século XVII. No mundo muçulmano, contudo, seu pensamento foi condenado pelos religiosos ortodoxos, que rejeitavam sua opinião de que a lei religiosa e a filosofia tinham o mesmo objetivo.

MAIMÔNIDES

(1135 — 1204)

SÁBIAS PALAVRAS

"É melhor inocentar mil culpados do que matar um só inocente."

O filósofo judeu e estudioso do Talmude, Maimônides, ou Moisés ben Maimon — que também era conhecido como Rambam, junção das primeiras letras do seu nome: Rabino Moshé ben Maimon —, nasceu em Córdoba, onde seu pai era juiz. Quando tinha 13 anos, sua família deixou a Espanha. Depois de vários anos de deslocamentos no norte da África, Maimônides acabou se fixando, em 1165, perto do Cairo, onde se tornou líder da comunidade judaica. Estudou filosofia grega e medicina, e, em 1183, foi nomeado médico do vizir do sultão, Saladino — o mesmo que ganhou fama nas Cruzadas.

Autor prolífico, seus trabalhos mais conhecidos são o *Guia dos perplexos* — foi escrito originalmente em árabe, embora as traduções posteriores para o hebraico e o latim alcançassem um público bem mais amplo —, e seu respeitado comentário, em quatorze volumes, sobre a Mishná (o código das leis judaicas), *Mishné Torá*, que, como é compreensível, foi escrito em hebraico. Os "perplexos" em questão são os estudiosos da filosofia aristotélica, confusos por conta das aparentes contradições entre o que estão estudando e certas afirmações da Bíblia e do Talmude, especialmente quanto à natureza de Deus. O objetivo do *Guia* é conciliar a filosofia aristotélica e as ciências gregas com a verdade literal do Velho Testamento: como a verdade é única, a Bíblia, contendo a palavra revelada de Deus, não pode deixar de complementar a razão. Assim, para dar um exemplo, Maimônides explica que rejeita o ponto de vista aristotélico de que a matéria é eterna com base na razão, e não na fé. Se estivesse convencido do ponto de vista contrário, não teria dificuldade de interpretar neste outro sentido a narrativa bíblica da criação.

Apesar de se basear na razão, Maimônides acreditava, sem a menor sombra de dúvida, na Bíblia como revelação divina. Na sua visão, a missão do filósofo era confirmar racionalmente a verdade da religião e desautorizar doutrinas que pareciam contradizer a revelação divina.

TEOLOGIA APOFÁTICA

Apoquê?

Contudo, quando Maimônides enfrentava as questões sobre a natureza de Deus que tanto inquietavam seus alunos, ele se saiu com esta — e tem tudo a ver com a negação dos atributos que possam ser aplicados a Deus.
Como a existência de Deus é absoluta, sem criação, não podemos conhecer sua essência, apenas que Ele existe. Em consequência, seria um equívoco supor que

Ele tenha atributos positivos. Os atributos negativos são necessários para voltar a nossa mente para as verdades em que devemos acreditar. Assim, quando dizemos que algo existe, queremos dizer que sua não existência é impossível; está vivo — não está morto; é o primeiro — sua existência não tem causa; tem poder, sabedoria e vontade — não é fraco nem ignorante; Deus é único — não existe mais de um Deus. Qualquer atributo com que se pretenda dar alguma ideia da natureza de Deus denota negação do oposto. Pelo menos é o que afirma o *Guia dos perplexos* (1:58).
Entendeu agora?

ROGER BACON

(*c.* 1214 — 1292)

SÁBIAS PALAVRAS

"Existem duas maneiras de adquirir conhecimento, uma por meio da razão, a outra pela experiência."
Opus Majus

Depois de estudar nas universidades de Oxford e Paris, Roger Bacon ganharia reputação de erudito numa ampla gama de áreas do conhecimento, entre elas a filosofia, a matemática, a ciência e a alquimia. Em 1256, entrou para a ordem católica dos franciscanos, fundada por São Francisco de Assis. E não só fez amplo uso dos textos gregos e árabes que haviam sido publicados no Ocidente para seguir o caminho do raciocínio dedutivo, como também desenvolveu a ideia de utilizar a experiência científica para aprofundar o entendimento da realidade.

Por volta do ano 1266, o Papa Clemente IV convidou Bacon a montar um programa de estudos para uso nas universidades, contemplando as mais recentes ideias em filosofia, ciência e linguagem, para aprimorar, na Igreja, o ensino da teologia e, assim também, reforçar sua autoridade. A primeira parte do hercúleo empreendimento, *Opus Majus*, logo seria seguida do *Opus Minus* e do *Opus Tertium*.

Bacon distingue *experientia*, ou experiência, de *experimentum*, um conjunto de princípios científicos com base na experiência. A experiência é inata, o conhecimento das coisas que todos os animais têm, ao passo que os princípios científicos baseados na experiência precisam ser aprendidos. E são esses princípios que permitem a descoberta de novas verdades. Ele descreve experimentos em matemática, astronomia e ótica, como, por exemplo, calcular a posição dos corpos celestes, propostas para a reformulação do calendário, a identificação do espectro de cores produzido pelo reflexo da luz na água e especulações sobre óculos e telescópios. Chega a descrever máquinas voadoras e indica a possibilidade de movimentação mecânica (energia) de navios e carruagens.

CAPÍTULO QUATRO: CRISTÃOS, MUÇULMANOS E UM ÚNICO JUDEU

À morte do Papa Clemente no ano 1268, contudo, o entusiasmo das autoridades eclesiásticas pelos métodos educativos de Bacon se foi também. Com o tempo, ele viria igualmente a perder o apoio dos franciscanos, que, em 1278, passaram a desconfiar de suas experimentações, condenando-o por "inovações suspeitas" e possivelmente até encarcerando-o por algum tempo. E assim chegou ao fim o experimento de cooperação Igreja-ciência empreendido por Roger Bacon.

UNIVERSIDADE AO ESTILO MEDIEVAL

A palavra "universidade" deriva do latim *universitas magistrorum et scholarium*, que significa uma comunidade ou corporação de mestres e alunos. Antes da formalização de universidades como centros autogeridos de aprendizado, com liberdade acadêmica de expressão, a educação superior se baseava em escolas catedrais ou monásticas, onde os estudantes aprendiam com os monges e seguiam padrões de ensino estabelecidos pela Igreja. Coincidindo com a reintrodução da obra de Aristóteles no Ocidente, o desenvolvimento das universidades medievais originou um plano de estudos mais semelhante ao dos estudantes modernos. Paris (1150) e Oxford (1167), onde Roger Bacon e Guilherme de Ockham estudaram, são duas das mais antigas.

TOMÁS DE AQUINO

(1225 — 1274)

SÁBIAS PALAVRAS

"… para conhecer qualquer verdade, o homem precisa da ajuda Divina."
Suma teológica

Aparentado aos condes italianos da cidade de Aquino, Tomás de Aquino foi educado no mosteiro beneditino de Monte Cassino e na Universidade de Nápoles.

Contrariando a vontade da família, que o aprisionou por um ano para tentar dissuadi-lo, ele entrou então para a ordem sacerdotal dos dominicanos. Estudou e lecionou em Colônia e Paris, até ser convocado pelo Papa Alexandre IV, em 1258, para lecionar na Itália. Apesar de, a certa altura, ter sido apelidado de Boi Mudo, provavelmente por causa da compleição avantajada associada a uma personalidade introvertida e a uma suposta dificuldade intelectual, antes dos 30 anos já publicava comentários à obra de Aristóteles. Tomás de Aquino queria retomar o Aristóteles original, com suas ideias ainda não reformuladas por comentadores anteriores, como Avicena e Averróis, para enquadrá-las nas próprias visões teológicas. Foi o início de uma vida inteira de elaboração de uma síntese entre teologia cristã e raciocínio aristotélico, que, sob muitos aspectos, ainda serve de base para as doutrinas da Igreja Católica.

CAPÍTULO QUATRO: CRISTÃOS, MUÇULMANOS E UM ÚNICO JUDEU   85

A contribuição de Tomás de Aquino para a discussão razão *versus* fé se deu ao fato de que são separadas, porém complementares, a primeira subserviente, sem ser subordinada. O mundo está cheio de coisas reais que podemos ver e entender, mas por trás delas existe uma causa primeira. A existência de Deus poderia ser demonstrada pela razão, ao passo que doutrinas específicas, como a da Santíssima Trindade e a da encarnação do Cristo, foram reveladas pela fé.

Tomás de Aquino escreveu dois importantes textos, a *Suma contra os gentios* (1259-64), espécie de manual para os missionários dominicanos, e a *Suma teológica* (1266-73), que, apesar de incompleta à sua morte, expunha todos os princípios da filosofia cristã. O mais famoso são as *quinque viae* ("cinco vias"), que ficaram conhecidas como as cinco provas da existência de Deus. Utilizando terminologia da *Metafísica* de Aristóteles, ele declara que Deus é o "motor imóvel" que provoca mudança nos outros (1 = mudança); a causa primeira que faz tudo mais acontecer (2 = dependência); o ser único e não contingente, necessário, que escora a existência de todas as coisas contingentes (3 = contingência); o ser maior do qual seres menores extraem a grandeza que acaso tenham (4 = perfeição limitada); o planejador inteligente que direciona as coisas não inteligentes a agirem visando um fim (5 = utilidade).

O frei dominicano gostava de sistemas. Além das cinco vias, deixou cinco afirmações sobre a natureza de Deus (Ele é simples, perfeito, infinito, imutável e uno), quatro virtudes cardeais (prudência, temperança, justiça e fortaleza) e três virtudes teologais (fé, esperança e caridade).

GUILHERME DE OCKHAM
(c. 1285 — 1347)

Nascido em Ockham, no condado inglês de Surrey, Guilherme tornou-se frade franciscano antes de estudar teologia em Oxford. Não chegou a concluir os estudos, tampouco alcançou um posto como professor, presumivelmente porque suas opiniões não agradavam — o reitor da universidade chegou a acusá-lo de heresia. Em consequência, foi convocado à presença do Papa João XXII, em Avignon, onde se envolveu em novas controvérsias, desta vez sobre a necessidade ou não de os franciscanos continuarem observando o voto de pobreza. Guilherme considerava que sim, mas o papa, não — e, por conta disto, Guilherme entendeu ser de bom alvitre retirar-se mais que depressa, embora ainda assim tenha sido excomungado, passando o resto da vida sob a proteção do Imperador Luís IV da Baviera.

Em sua obra filosófica mais famosa, a *Summa Logicae*, ele apresenta uma nova visão sobre Aristóteles e a escolástica, afirmando que não existem universais, essências ou formas abrangentes. Existem apenas objetos individuais, e adquirimos consciência deles pela mente, por intermédio de um processo designado cognição intuitiva. Quando precisamos pensar em vários objetos ao mesmo tempo, recorremos a termos como "universal", mas são apenas nomes, nada mais — o que explica ser a doutrina de Guilherme conhecida como nominalismo (do latim *nomen*, "nome"). Cada objeto pode ter partes componentes, mas sempre é absolutamente singular em si mesmo. Nenhum desses objetos individuais é automaticamente causa de outro, nem efeito de outro, e sua coexistência não altera o fato de que são singulares. Tudo isto o levou a afirmar: "A pluralidade não deve ser postulada sem necessidade", o que é um jeito complicado de dizer "Não compliquemos as coisas", sendo este o princípio por trás da "navalha de Ockham" (ver quadro na página seguinte).

Guilherme sustentava que de maneira alguma seria possível demonstrar a existência de Deus, quaisquer que fossem as supostas "provas" expostas por outros estudiosos. Mas não via necessidade de estabelecer um elo entre fé e razão. Para ele, a fé era simplesmente uma questão de revelação.

A NAVALHA DE OCKHAM
(OU OCCAM)

Esta expressão costuma ser mais ouvida que o nome
de Guilherme de Ockham (ou Occam, em latim).
A ideia é usar a sua navalha para extirpar partes
desnecessárias de um argumento e assim chegar ao
essencial — mais como um descascador de batatas,
na verdade. Diante de argumentos conflitantes que
pareçam igualmente válidos, podemos optar pelo
que dependa de menor quantidade de suposições
e possa ser mais simplificado.
O princípio também ficou conhecido como a
Lei da Parcimônia, embora talvez fosse melhor
trocar a ideia de "parcimônia" pela de "essencial",
de "concisão", pois o espírito da coisa
pode ser resumido no seguinte:
a solução mais simples costuma ser a melhor.

Capítulo Cinco

Homens do Renascimento

Os historiadores tendem a optar por "Renascimento" quando precisam de uma palavra para designar períodos marcados por uma grande retomada do interesse por ideias da Antiguidade. Depois do capítulo anterior, não deveria surpreender que tenha havido um Renascimento no século XII: é a designação usada para o período de efervescência intelectual que se seguiu à redescoberta das obras de Aristóteles pelos estudiosos cristãos. Mas o *verdadeiro* Renascimento, o renascimento cultural de que todo mundo ouviu falar, começou na Itália (século XIV), de onde se espraiou para outras regiões da Europa ao longo dos dois séculos seguintes. Basta pensarmos em Giotto, Brunelleschi, Donatello, Da Vinci e Michelangelo. O movimento teve enorme impacto em todas as áreas da vida intelectual — não apenas na pintura, escultura e arquitetura, mas também na literatura, política, ciência, religião e, naturalmente, na filosofia. Donde a expressão "homem do Renascimento" ou "renascentista", para se referir a alguém que contribuiu para tal renovação ou mesmo valoriza e se interessa pelos mais variados ramos da investigação intelectual.

Os textos clássicos que despertavam fascínio e curiosidade dessa vez eram os literários e históricos. Dando as costas à teologia medieval, os intelectuais optaram por focar sua atenção mais estreitamente nas preocupações humanas. Não rejeitaram o cristianismo — na verdade, muito pelo contrário, pois a Igreja continuou sendo um patrocinador importante nesse período —, mas a maneira de encarar a religião começou a mudar. O realismo e a sensibilidade adquiriram importância muito maior em todos os campos de estudo, o que explica o nome dado a esses intelectuais: humanistas. Por meio da revivescência do interesse pelo passado clássico, associada à nova maneira de encarar o conhecimento, os humanistas renascentistas tentavam lidar com as questões da vida no planeta, em vez de voltar sua atenção para a vida após a morte. O que nos leva a Erasmo e Maquiavel, dois homens do Renascimento por excelência.

ERASMO DE ROTTERDAM (DESIDERIUS ERASMUS)

(1466 — 1536)

SÁBIAS PALAVRAS

"Em terra de cego, quem tem um olho é rei."
Adágios

Nascido em Rotterdam, Desiderius Erasmus era filho de um sacerdote que estudara grego e latim na Itália, onde certamente se impregnou do espírito do Renascimento, antes de retornar à sua paróquia, na Holanda. Erasmo foi educado numa das principais escolas de latim do país, em Deventer, e mais tarde em Hertogenbosch, numa escola administrada pelos Irmãos da Vida Comum — associação fundada um século antes para promover o culto e os valores cristãos. Foi então estimulado a entrar para o mosteiro agostiniano de Steyn, perto de Gouda, o que fez no ano 1487, sendo ordenado em 1492.

Entretanto, deve ter ficado mais que evidente que Erasmo não queria permanecer no mosteiro, pois imediatamente aceitou um posto junto ao bispo de Cambrai, deixando-o pouco depois para estudar teologia e, em seguida, lecionar em Paris. Foi quando deparou-se pela primeira vez com gente plenamente familiarizada com as ideias humanistas que vinham da Itália. Na juventude, ele questionara as limitações impostas pela escolástica medieval tradicional, mas agora, em Paris, podia cultivar plenamente toda a sua gama de interesses. Enveredou então por uma vida acadêmica que o levaria a dar aulas em toda a Europa, correspondendo-se com os principais pensadores da época — homens como Thomas More e John Colet, por exemplo — e também publicando intensamente, graças a uma maravilhosa e recente invenção: os tipos móveis (imprensa).

Erasmo não pretendia romper com a Igreja Católica, contudo, queria aplicar o raciocínio crítico a seus ensinamentos e práticas. Pronunciou-se contra a utilização da superstição e da tradição, por parte dos líderes da Igreja, para manter os fiéis sob controle, defendendo a volta a uma religiosidade mais simples e racional, baseada numa compreensão clara das Escrituras — e, tendo isto em mente, incumbiu-se de produzir uma nova tradução do Novo Testamento grego. Sua obra mais conhecida, entretanto, é o *Elogio da loucura* — dedicada a Thomas More —, na qual ele satiriza, entre outras coisas, alguns dos piores excessos dos bispos, padres e monges de então: o materialismo, a ignorância, a ganância e a imoralidade, só para citar alguns.

Suas críticas refletiam a generalizada insatisfação com a Igreja, e seriam retomadas por reformadores, como Martinho Lutero, mas enquanto este acabou dividindo a Igreja e desencadeando a Reforma protestante, Erasmo tentou se manter distante das disputas religiosas cada vez mais violentas para as quais seus escritos contribuíram.

NICOLAU MAQUIAVEL

(1469 — 1527)

SÁBIAS PALAVRAS

"É muito mais seguro ser temido que amado,
se for preciso escolher."
"O primeiro método para estimar a inteligência
de um governante é olhar para os homens
que tem à sua volta."

O Príncipe

Um homem que pregava jamais fugir de disputas e litígios era o filósofo e pensador político florentino Nicolau Maquiavel. Pouco se sabe dos seus primeiros anos de vida, mas, em 1498, ele foi nomeado para dois cargos administrativos: secretário da Segunda Chancelaria e secretário do Conselho dos Dez, que tratava das relações exteriores (diplomacia) da República de Florença.

Nos quatorze anos subsequentes, participou de várias missões diplomáticas, durante as quais conheceu muitos dos mais importantes dirigentes políticos da época, entre eles Luís XII da França, o Imperador romano-germânico Maximiliano I, o Papa Júlio II e César Bórgia. Seus relatórios e cartas deixam claro que analisou tais indivíduos e seus atos com profundo entusiasmo e perspicácia, e foi certamente nesse período que ele desenvolveu as ideias que ficariam registradas em sua obra mais conhecida, *O Príncipe*.

Em 1512, o retorno dos Médici, a dinastia que antes havia governado Florença na prática, ainda que não oficialmente, representou o fim tanto da República quanto da carreira diplomática de Maquiavel. Para piorar as coisas, no ano seguinte ele foi acusado de conspiração e torturado. Embora fosse perdoado, Maquiavel se afastou da vida pública, dedicando-se à escrita.

Assumindo a forma de uma carta a Lourenço de Médici, *O Príncipe* (1513, mas publicado apenas em 1532) pretendia ser um manual para os governantes, com recomendações sobre o que um príncipe deveria dizer e fazer para alcançar e preservar o poder político. Enquanto no passado os teóricos políticos se preocupavam em como promover o bem comum e agir com justiça, Maquiavel estava mais interessado em explorar caminhos que permitissem aos governantes manter rígido controle da própria posição. E se o assassinato fosse a opção mais lógica nesse sentido, tudo bem — livrar-se da família governante anterior era crucial.

O Príncipe preconiza o uso da crueldade se for para amedrontar os súditos e, portanto, torná-los maleáveis, mas ela deve ser rápida e certeira. Entretanto, será recomendável distribuir recompensas moderadamente, para mantê-los querendo mais. O logro e a dissimulação devem ser praticados, pois as pessoas são superficiais, mas os governantes devem sempre *fingir* serem virtuosos, para não dar motivos de ódio aos súditos.

Em essência, *O Príncipe* afirma que os governantes devem estar dispostos a fazer coisas más se considerarem que os resultados valerão a pena: os fins justificam os meios etc. Essa mudança do idealismo para o realismo é a grande contribuição de Maquiavel à filosofia política.

SERIA MAQUIAVEL... MAQUIAVÉLICO?

Embora também fosse historiador, dramaturgo e poeta, Maquiavel é mais conhecido por *O Príncipe*, o que explica o fato de o adjetivo "maquiavélico" se aplicar a pessoas espertas, ardilosas e inescrupulosas, especialmente na esfera política.

CAPÍTULO SEIS

A Era da Razão

Todas aquelas certezas do passado — uma Igreja única, um monarca reinando por direito divino, como o representante de Deus na Terra — tinham se esfacelado pra valer pela altura do século XVII. Na Inglaterra, houve a guerra civil entre monarquistas e parlamentaristas, culminando na decapitação do soberano, e por toda a Europa viam-se conflitos entre católicos e protestantes. A natureza da monarquia e a relação entre governantes e governados passaram a ser abertamente discutidas. Felizmente, o fato de pensadores como Hobbes e Locke (págs. 97 e 105) muitas vezes terem de se transferir para outros países para a própria segurança não os impediu de produzir obras importantes de filosofia política, ainda hoje disponíveis.

A desvinculação entre filosofia e teologia avançou muito nesse período. Não que se pusesse em dúvida a existência de uma deidade — apesar da expulsão de Espinosa da comunidade judaica e das acusações de ateísmo contra Leibniz, por exemplo —, mas a fé cega de tempos anteriores já não bastava. Era preciso expor argumentos e defendê-los, e, no século XVII, havia enorme interesse por sistemas capazes disto. Para facilitar, podemos distinguir duas abordagens principais: o racionalismo e o empirismo. No campo racionalista, estavam aqueles para quem a razão — o raciocínio lógico, matemático, do tipo "se A, então B" — podia servir de base a todo conhecimento: Descartes, Espinosa e Leibniz (págs. 101, 108 e 111) eram os nomes de maior destaque. No campo empírico, encontravam-se os que consideravam que o conhecimento só poderia decorrer dos sentidos, a partir da experiência: entram em ação Hobbes e Locke, sempre voltados para experimentações nas ciências naturais.

THOMAS HOBBES

(1588 — 1679)

SÁBIAS PALAVRAS

"A vida do homem é solitária, pobre,
sórdida, embrutecida e curta."
Leviatã

Nascido em Malmesbury, condado inglês de Wiltshire — prematuramente, quando a pobre mãe soube que a Invencível Armada espanhola estava a caminho, ou pelo menos era a história que ele gostava de contar —,

Thomas Hobbes estudou em Oxford e passou a trabalhar como tutor (preceptor), sobretudo de membros da família Cavendish, os condes de Devonshire. Nessa condição, viajou bastante, conhecendo muitas das principais personalidades intelectuais da época, entre elas Galileu e Descartes (pág. 101).

Aos 40 anos, Hobbes ficou fascinado pela geometria euclidiana e a ideia de que suas certezas poderiam ser aplicadas ao estudo do indivíduo e da sociedade — em outras palavras, de que pudesse haver normas semelhantes governando a ciência política. Como se tratava de uma época de crescente agitação na Inglaterra, com uma iminente guerra civil, suas preocupações não chegavam a surpreender. E, no momento em que o Parlamento entrava em confronto com Carlos I pela democracia, tendo Hobbes chegado à conclusão, nos seus *Elementos da lei natural e política*, de que a monarquia era a melhor forma de governo, a decisão de se exilar na França pareceu a mais indicada para sua própria segurança. Lá, ele permaneceu onze anos, até 1651, tendo, inclusive, atuado como professor particular do futuro Rei Carlos II.

Em 1642, Hobbes concluiu *Do cidadão* [*De Cive*], obra em que ventilou, pela primeira vez, suas ideias sobre as origens da sociedade civil. O livro só seria traduzido para o inglês em 1651, quando ele já havia desenvolvido essas ideias na sua obra principal, *Leviatã, ou matéria, forma e poder de um Estado eclesiástico e civil* (1651), com reflexões sobre metafísica, psicologia e filosofia política.

CAPÍTULO SEIS: A ERA DA RAZÃO

Depois de visitar Galileu, em 1636, Hobbes incorporou a ciência da mecânica e do movimento às suas reflexões, como forma de explicar o comportamento humano. Materialista convicto, considerava o mundo um sistema puramente mecânico, constituído apenas de matéria em movimento, propelida por forças de atração e repulsão submetidas às leis da natureza. Tais forças governavam o comportamento humano e determinavam o que as pessoas consideravam "bom" (atraente) e "ruim" (repugnante). Como os seres humanos são completamente egoístas no estado natural, enfrentam-se pelo que precisam, o que só pode levar à guerra e à terrível brevidade da vida, segundo a citação em epígrafe. Para evitá-lo, num espírito de interesse próprio (egocentrismo) esclarecido, os seres humanos aceitam um contrato social pelo qual cada um abre mão de uma pequena parte da própria independência em prol do bem geral. A sociedade civil daí resultante é regida por um soberano dotado de poderes absolutos, que todos concordam em acatar em troca de proteção, por exemplo, no caso de uma guerra. Porém, ao não ser capaz de oferecer tal proteção, pode o soberano enfrentar problemas. Caso contrário, para se mostrar eficiente, ele tem o direito de exercer total controle das questões civis, militares, judiciais e eclesiásticas.

Hobbes devia saber que suas ideias desagradariam e até mesmo ofenderiam muita gente. O fato de apoiar a monarquia indispôs os parlamentaristas, contudo, ao negar o direito divino dos monarcas, ele causou descontentamento entre boa parte dos monarquistas (embora, curiosamente, não ao próprio Carlos II, que sempre teve um fraco pelo antigo tutor). Quanto à Igreja, as acusações de ateísmo levaram certos clérigos a recomendar que não só seus livros, mas o próprio Hobbes, fossem queimados — mais uma vez, porém, Carlos II entrou em cena para impedir.

QUE BESTA-FERA!

Leviatã é o nome do animal das profundezas, o grande monstro marinho mencionado no Livro de Jó (41:34): "... ele *de fato* reina sobre os filhos do orgulho". O próprio Hobbes era chamado de "A besta de Malmesbury" pelos adversários.

ESQUEÇA O HARRY POTTER...

Pelo fim da vida, Hobbes pediu que os amigos dessem ideias para o seu epitáfio. Há indicações de que o que considerou melhor para ser entalhado na lápide foi "Esta é a verdadeira pedra filosofal", mas, não se sabe por quê, acabou não sendo usado.

RENÉ DESCARTES

(1596 — 1650)

SÁBIAS PALAVRAS

"Penso, logo existo."
Discurso do método

René Descartes nasceu em La Haye-en-Touraine — mais tarde (1802), a cidadezinha viria a ser rebatizada La Haye-Descartes e, desde 1967, apenas Descartes. Educado no colégio jesuíta de La Flèche, em Anjou, o filósofo pôde assim ter uma boa fundamentação na escolástica, que mais tarde questionaria. Descartes então estudou direito em Poitiers, mas, em vez de seguir a carreira, preferiu refletir sobre a vida por um tempo e, em 1618, seguiu para a Holanda, alistando-se no exército republicano de Maurício de Nassau. No ano seguinte, servindo na Alemanha, teve uma série de visões mostrando-lhe que toda a filosofia — e o conhecimento em geral, na verdade — podia ser reformulada num sistema unificado de verdades baseadas na matemática e escoradas no racionalismo. Em 1628, transcorridos mais dez anos de reflexão pela Europa, ele decidiu se fixar na Holanda, onde passaria a maior parte do tempo e pelo resto da vida. Foi lá que escreveu suas grandes obras, *Discurso do método* (1637), *Meditações sobre filosofia primeira* (1641) e *Princípios da filosofia* (1644).

O ponto de partida de Descartes é a busca de certezas — o que nunca é fácil, percebe ele, pois os sentidos podem se enganar. O método que propõe é conhecido como dúvida hiperbólica — "hiperbólica" no sentido de extrema. Assim, para verificar o quanto nosso suposto "conhecimento" de fato se assenta na razão, temos de suspender o julgamento sobre qualquer proposição cuja verdade possa, de alguma forma, ser posta em dúvida. Por um processo de eliminação, Descartes chega à sua célebre conclusão, *Cogito, ergo sum* ("Penso, logo existo"). Ele tem certeza da própria existência, caso contrário não estaria pensando.

Descartes examina então *o que* está pensando, identificando entre outras coisas a ideia de um Ser Perfeito, ou Deus. Ele se convence de que isto é verdade e deve existir fora da sua mente, pois de outra forma o próprio *cogito* não seria verdade. O que se parece de novo com a escolástica, embora desta vez o Ser Perfeito ajude a comprovar a confiabilidade do raciocínio humano: ele é Deus, "por trás do qual está toda a sabedoria das ciências". Como Deus leva Descartes a acreditar que as coisas do mundo exterior são materiais, então assim deve ser, pois um Deus perfeito não o enganaria. E exatamente como no teste da cera (ver quadro na pág. 104), é antes a razão, e não a percepção, que diz a Descartes que pode confiar no que é percebido pelos seus sentidos. Tal dualismo — o dualismo cartesiano, nem mais, nem menos: divisão entre a mente pensante, não material, e o corpo mecanicista — continua ainda hoje a despertar interesse.

CAPÍTULO SEIS: A ERA DA RAZÃO

Desde o início, Descartes não ficou isento de críticas, contudo, quando a Rainha Cristina da Suécia resolveu, em 1649, ter aulas de filosofia, foi ele o escolhido. Infelizmente para Descartes, o empreendimento não foi bem-sucedido. Para começar, Cristina gostava de iniciar as aulas às cinco da manhã, mesmo no auge do inverno, e ele era do tipo que preferia uma manhã de repouso na cama, lendo e filosofando. Morreria de pneumonia seis meses depois.

COORDENADAS CARTESIANAS

Nas horas vagas, Descartes era um matemático notável, e qualquer um que em algum momento tenha pelejado com papel quadriculado, traçando coordenadas x e y, pode botar a culpa nele. O sistema que desenvolveu permite localizar pontos numa superfície por meio de coordenadas em pares, o que também significa que você pode expressar formas geométricas como equações algébricas... caso queira. Pode não ser muito divertido em sala de aula, mas é uma mão na roda na leitura de mapas.

FAÇA O TESTE DA CERA

Se você segurar um pedaço de cera perto de uma chama, ele vai mudar de textura, forma e tamanho. Ainda assim pode ser considerado cera? Sim, embora a aparência e a materialidade sejam bem diferentes. "E assim", diz Descartes, "compreendo apenas pelo poder de julgar que reside em meu espírito, aquilo que pensava ver com meus olhos" (*Meditações sobre filosofia primeira*).

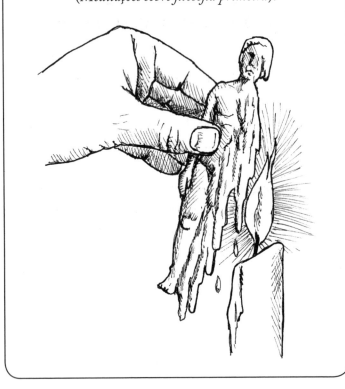

JOHN LOCKE

(1632 — 1704)

SÁBIAS PALAVRAS

"Pois sendo evidente que nosso conhecimento não pode ultrapassar nossas ideias, na medida em que elas são imperfeitas, confusas ou obscuras, não podemos esperar ter um conhecimento certo, perfeito ou claro."

Ensaio acerca do entendimento humano

Nascido no condado inglês de Somerset, John Locke foi educado em Oxford, onde se sentiu completamente fora de sintonia com a filosofia escolástica da época, por ele considerada obsoleta. Interessava-se bem mais pelos experimentos em física e química efetuados em Oxford, na época, por homens como Robert Boyle — da famosa Lei de Boyle-Mariotte, que trata da relação entre a pressão e o volume de um gás — e pelo estudo da medicina.

Em 1667, passou a atender à família do eminente político Lorde Ashley como médico e conselheiro para questões científicas e políticas, com isto entrando em contato com importantes e influentes personalidades londrinas. Quando Ashley foi feito primeiro conde de Shaftesbury e lorde chanceler de Carlos II, em 1672, Locke foi nomeado para um cargo no governo, mas preferiu se afastar (decidiu pela aposentadoria) e mudou-se para a França em 1675, declaradamente por motivos de saúde, mas possivelmente também por razões políticas. Em 1683, ele foi para a Holanda, onde se envolveu com os seguidores ingleses de Guilherme de Orange, e só voltaria à Inglaterra depois da Revolução Gloriosa (1688), graças à qual Guilherme e sua mulher, Maria, foram coroados Guilherme III e Maria II.

Em *Dois tratados sobre o governo* (1690), expõe sua filosofia política, contendo justificativas para a revolução. Locke contesta a ideia tradicional de que os monarcas têm o direito divino de reinar como representantes de Deus na Terra, levando um passo adiante o contrato social proposto por Hobbes, ao incorporar a figura do soberano. Em um estado natural, antes que alguém sequer imagine formar uma união para governar, as pessoas têm o direito de defender a própria vida, a saúde e a propriedade. Para resolver disputas nessas questões, concordam em formar um governo que proteja seus direitos. Mas esse governo *só* governa com o consentimento dos governados; se não for capaz de defender tais direitos, perde legitimidade e pode ser derrubado — o que explica por que essas ideias se tornaram tão populares no século XVIII nos Estados Unidos, que queriam a tão sonhada independência da Grã-Bretanha, e na França, que tanto cobiçava a cabeça de seus monarcas.

A principal obra filosófica de Locke, *Ensaio acerca do entendimento humano* (1690), foi redigida ao longo de cerca de vinte anos, o que não chega a nos surpreender quando se descobre que ele queria "investigar a origem, o grau de certeza e o alcance do conhecimento humano"

CAPÍTULO SEIS: A ERA DA RAZÃO

— tarefa, cá entre nós, nada simples. Nossa mente, diz ele, no início é como uma tela em branco; não temos ideias inatas. Mas, quando entramos em contato com as coisas por meio dos sentidos, surgem as primeiras ideias simples e, a partir dessas "ideias de sensação", evoluímos para "ideias de reflexão" — um conhecimento resultante de reflexão com base em nossas experiências sensoriais. Desse modo, a consciência, a percepção e o pensamento decorrem todos, em última análise, da experiência. Isso faz de Locke um empirista: alguém que considera que o conhecimento se baseia na experiência decorrente dos sentidos. O que, por sua vez, remonta à crença na experimentação científica por ele muito cedo adquirida.

ARROCHO DO CRÉDITO

Locke não foi apenas filósofo. Um livro de título cortante, que escreveu no terreno econômico, *Some Considerations on the Consequences of the Lowering of Interest and the Raising of the Value of Money* [*Algumas considerações sobre as consequências da redução dos juros e da elevação do valor da moeda*] (1691), bem que poderia ensinar certas lições aos banqueiros de hoje.

BARUCH ESPINOSA

(1632 — 1677)

SÁBIAS PALAVRAS

"Um homem livre é aquele que vive somente segundo os ditames da razão, que não é levado pelo medo da morte, mas deseja diretamente o bem."

Ética

O filósofo holandês também conhecido como Benedito e Bento de Espinosa (Baruch significa "abençoado", em hebraico) nasceu numa família judia de Amsterdã que fugiu de Portugal para escapar da perseguição católica.

A religião, evidentemente, continuava sendo um problema, pois, em 1656, ele foi expulso da comunidade judaica, sendo o seu livre pensar um pouco demais para as autoridades da sinagoga.

Espinosa exercia a profissão de polidor de lentes, e assim ele se sustentava, porém, na verdade, dedicou a vida ao estudo das ideias, correspondendo-se durante muitos anos com outros autores científicos e filosóficos. À medida que foi ganhando fama, formou-se uma sociedade para debater suas obras, e, a partir de 1663, a casa onde morava, perto de Haia, tornou-se ponto de encontro dos mais eminentes intelectuais. Nesse mesmo ano, publicou *Princípios da filosofia cartesiana e pensamentos metafísicos*, seu único livro a sair com seu nome ainda em vida.

CAPÍTULO SEIS: A ERA DA RAZÃO

Em 1673, Espinosa recusou um convite para lecionar filosofia na Universidade de Heidelberg, pois queria ter liberdade para dar prosseguimento a suas pesquisas, mas morreu de tuberculose quatro anos depois, talvez por causa do pó de vidro inalado durante tantos anos. As ideias de Espinosa sobre religião foram inicialmente ventiladas em seu *Tratado teológico-político*, publicado anonimamente em 1670 e proibido em 1674, por ofensa às autoridades religiosas. Na obra, ele propõe que a Bíblia seja interpretada exclusivamente por meio de um estudo sério, e não com o objetivo de dar sustentação a ideias ou doutrinas preconcebidas, reconhecendo que isto poderia revelar a falsidade de muitas crenças sobre Deus e o universo. Mais ainda, Espinosa afirma que Deus só age de acordo com as leis da Sua própria natureza, e não com algum propósito específico em mente. Ponderações que no seu todo redundavam numa defesa da tolerância religiosa, sendo portanto compreensivelmente rejeitadas em certos círculos.

Mais controversa ainda foi a sua *Ética* (1677), que só pôde ser publicada postumamente. Cada uma das suas cinco partes é tratada como um problema matemático, começando com uma série de definições e axiomas dos quais Espinosa deduz teoremas, ou provas. Rejeitando o dualismo corpo-mente de Descartes, ele conclui pela existência de uma única substância, ao mesmo tempo Deus e natureza. O que vem a ser uma expressão de panteísmo: a crença de que Deus pode ser identificado à natureza e a natureza é uma manifestação de Deus. Para

Espinosa, a natureza é, ao mesmo tempo, infinita e perfeita. Tudo, inclusive os seres humanos, é um aspecto da natureza, que funciona — mais uma vez — segundo suas próprias necessidades. O que significa que não existe acaso nem livre-arbítrio; aquele que julga dispor de livre-arbítrio simplesmente não entende as causas que determinam suas ações. Como tampouco existe bem ou mal objetivo — essas coisas dependem do ponto de vista. Não é possível alcançar a felicidade acumulando posses ou por meio das emoções. Uma vida guiada pela razão é o único caminho, e o maior bem deriva do conhecimento de Deus.

Para Espinosa, então, as questões filosóficas fundamentais não serão respondidas por experimentações, mas pelo uso da razão — o que faz dele um racionalista.

O COLÉGIO INVISÍVEL

Parece Harry Potter de novo, mas foi este o nome que Robert Boyle deu ao grupo de cientistas naturalistas que se encontravam regularmente para trocar ideias e discutir seus experimentos. O Colégio foi o precursor da The Royal Society, fundada em Londres em 1660.

Henry Oldenburg, o primeiro secretário da Sociedade, correspondeu-se com Espinosa por cerca de quinze anos, e Leibniz lá esteve para demonstrar a máquina de calcular que tinha concebido e construído.

Uma enorme engenhoca de metal operada por meio de discos e manivelas, a Calculadora de Leibniz foi a primeira máquina do gênero a não apenas adicionar e subtrair, mas também multiplicar e dividir.

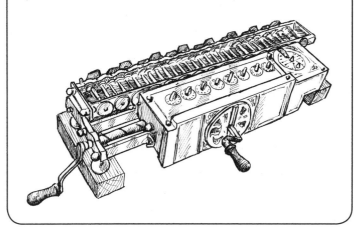

GOTTFRIED WILHELM LEIBNIZ

(1646 — 1716)

SÁBIAS PALAVRAS

"Nada acontece sem uma razão suficiente para que seja assim, e não de outra forma."
Correspondência Leibniz-Clarke — um debate científico, teológico e filosófico; uma coleção de documentos trocados entre o falecido e erudito Sr. Leibniz e o Dr. Clarke, nos anos de 1715 e 1716

Nascido em Leipzig, onde o pai era professor de filosofia moral numa universidade, foi lá que Gottfried Wilhelm Leibniz começou seus estudos, aos 14 anos. Formou-se em 1663 e, em seguida, estudou jurisprudência por três anos, publicando um estudo sobre o ensino jurídico, que impressionou o príncipe-eleitor de Mainz, um arcebispo, para o qual passou a trabalhar.

O príncipe se empenhava em explorar maneiras de preservar a paz na Europa — os tempos eram conturbados, com a França se comportando de modo agressivo em relação à Alemanha —, e Leibniz começou a trabalhar na definição de uma fundamentação racional do cristianismo que agradasse, ao mesmo tempo, aos católicos e aos protestantes, com o objetivo de estimular a tolerância religiosa. Viajando à França em missão diplomática junto a Luís XIV, lá permaneceu por quatro anos, convivendo com destacados intelectuais, e também visitou Londres, onde foi eleito membro da The Royal Society. Em 1676, quando o príncipe morreu, Leibniz se tornou bibliotecário do duque de Brunswick, em Hanôver. A caminho desta cidade, visitou Espinosa (pág. 108), que acabara de concluir a sua *Ética*. Pelo resto da vida, Leibniz cumpriu seus deveres na corte, ao mesmo tempo que compilava uma história da Casa de Brunswick e desenvolvia sua própria obra, que chegou até nós sobretudo na forma de cartas e ensaios não publicados.

Na *Teodiceia* (1710), um dos seus raros livros, ele discute como conciliar a existência de um Deus benevolente e todo-poderoso com o caráter eminentemente

CAPÍTULO SEIS: A ERA DA RAZÃO

desagradável do mundo. Evoca o princípio da razão suficiente, segundo o qual tudo tem uma razão para existir, e existir exatamente da maneira como é. Assim, na questão em que Deus teve de decidir sobre que tipo de mundo criar, Ele deve ter tido uma boa razão para criar este mundo onde vivemos. E como Deus é moralmente perfeito, Sua escolha deve ter sido determinada pelo valor do nosso mundo. O que por sua vez significa que o nosso mundo deve ser o melhor dos mundos possíveis. Foi essa história de "melhor mundo possível" que Voltaire (pág. 119) ridicularizou tão impiedosamente em seu romance *Cândido, ou o otimismo*, cujos protagonistas são castigados por uma calamidade após a outra.

A obra tardia *Monadologia* (1714) expõe as conclusões de Leibniz a respeito da constituição do universo. Ele é formado, afirma, de substâncias fundamentais chamadas mônadas (do grego *mónos*, "único"), sendo cada uma delas eterna e incorruptível. Apesar das aparências indicarem o contrário, essas mônadas não interagem entre si causalmente — causa e efeito são ilusões, assim como espaço e tempo. Na verdade, cada mônada segue instruções pré-programadas e se comporta da maneira como se comporta, puramente por ser parte da sua identidade: uma mônada está "grávida" de futuro e "carregada" de passado, assim como uma semente. O Deus benevolente determinou sua harmonia preestabelecida, e cada uma delas representa um minúsculo reflexo do universo.

Leibniz escreveu sobre uma enorme variedade de temas — entre eles história, direito e teoria política — e fez importantes contribuições ao estudo da matemática. Ele e Isaac Newton reivindicavam, cada um para si, o mérito de ter desenvolvido o cálculo; e houve também a sua calculadora (págs. 110-11), para não falar dos seus trabalhos nos terrenos da estatística e da teoria das probabilidades. Considerava a lógica inerente à matemática uma forma de refinar o raciocínio filosófico e verificar objetivamente os equívocos acaso contidos nas argumentações — a maneira perfeita de resolver disputas e conflitos racionalmente.

CHOCO LEIBNIZ

Existe uma ligação — existe mesmo — entre o grande filósofo e os igualmente deliciosos biscoitos de chocolate tão famosos em toda a Europa. Quando o fabricante Bahlsen, da cidade de Hanôver, estava em busca do nome de um habitante ilustre para dar ao seu produto, Leibniz foi a escolha mais óbvia.

CAPÍTULO SETE

A Era do Iluminismo

No século XVIII, um impressionante jorro de atividade intelectual, científica e cultural propiciou e foi alimentado ao mesmo tempo por toda uma gama de ideias filosóficas que competiam entre si no empenho de aplicar, ao estudo da espécie humana, os métodos analíticos empregados com tanto êxito por Isaac Newton no mundo natural. O sentimento de que as nuvens escuras da ignorância podiam ser dissipadas por um questionamento rigoroso dos valores tradicionais explica que esse período tenha ficado conhecido como Era do Iluminismo, das Luzes ou do Esclarecimento. Dali em diante, a razão seria o único parâmetro, e quem mais indicado para oferecer uma abordagem sistemática, senão os filósofos?

Não surpreende, destarte, que diferentes pensadores tenham chegado a conclusões diferentes com base em suas respectivas definições da razão, de tal maneira que o Iluminismo assumiu muitas formas, ficando claro que ideias de grande importância estavam em debate. Liberdade e democracia eram o tema da vez nas discussões, bem como novos questionamentos acerca das crenças religiosas e da autoridade. Associados a ideias sobre a base contratual dos direitos, tais debates levariam aos mais variados tipos de sublevação política, como, por exemplo, as revoluções americana e francesa, para citar apenas duas.

Agora não era mais possível voltar atrás. Como disse Kant, no ensaio intitulado "Resposta à pergunta: O que é Esclarecimento?" (1784): "Esclarecimento é a saída do homem de sua menoridade autoinfligida". Seu grito de arregimentação era: "Ouse saber!"

GEORGE BERKELEY

(1685 — 1753)

SÁBIAS PALAVRAS

"... *esse* é *percipi* [ser é ser percebido]."
Tratado sobre os princípios do conhecimento humano

Nascido perto do condado irlandês de Kilkenny, George Berkeley se formou no Trinity College de Dublin, de cujo quadro de acadêmicos passou a fazer parte no ano 1707. Seria ordenado diácono em 1709 e padre no ano seguinte.

Suas obras filosóficas mais importantes foram publicadas relativamente cedo em sua vida: *Ensaio para uma nova teoria da visão*, em 1709; *Tratado sobre os princípios do conhecimento humano*, em 1710; e *Três diálogos entre Hilas e Philonous*, em 1713. Berkeley visitou Londres em

CAPÍTULO SETE: A ERA DO ILUMINISMO

1713 e passou vários anos viajando pela Itália e França. Ao retornar à Irlanda em 1721, mostrava-se francamente preocupado com a decadência e a corrupção que havia testemunhado em suas peregrinações, como escreveu em um texto publicado anonimamente, *Ensaio para impedir a ruína da Grã-Bretanha* — "uma crítica ao luxo como mal econômico, tanto quanto político e moral". Mais ou menos à mesma época, ele se tomou de entusiasmo pela ideia de fundar uma universidade nas Bermudas, com o objetivo de disseminar a boa palavra "entre os selvagens americanos" — certamente para impedi-los de caminhar também para a ruína. Em 1724, seria nomeado decano de Derry e, depois de fazer campanha em Londres em busca de apoio para o seu projeto, embarcou com a nova mulher para a América em 1728. Os dois se estabeleceram temporariamente em Rhode Island à espera dos fundos prometidos, que no entanto não se materializaram. Passados três anos, ele desistiu do seu sonho, voltando para casa, e, em 1634, foi nomeado bispo de Cloyne.

Berkeley foi não apenas um empirista, mas também um importante idealista, palavra que, no sentido filosófico, nada tem a ver com a busca de metas elevadas, referindo-se, na verdade, à teoria de que os objetos físicos não existem fora da mente que os percebe; portanto, eles não passam de ideias, donde a designação de idealismo. Considerava-se um homem de bom senso, e era evidentemente religioso. Muito o contrariava, assim, o alcance do ceticismo — no caso da negação da possibilidade de conhecimento — e do ateísmo que ele identificava na abordagem de John Locke (pág. 105), com sua ênfase no materialismo: ceticismo, pois os sentidos podem nos ludibriar quanto à natureza das coisas materiais, que, para começo de conversa, talvez nem mesmo existam; e ateísmo, porque existe a possibilidade de um mundo material funcionando sem envolvimento divino.

O caminho a seguir se manifestou como uma revelação: Berkeley passou a negar a existência da matéria. Assim, usando o exemplo da maçã, "tendo-se observado a combinação de uma certa cor, um sabor, um cheiro, uma forma e uma consistência, identifica-se um objeto distinto, designado pelo nome de maçã" — e uma maçã não passa disso. E, ainda assim, será que ela existe se ninguém a perceber? Pois bem, a resposta de Berkeley era que, graças à existência de um Deus onipresente, a maçã estava sempre sendo percebida. Antes de tudo, aliás, o que motiva as ideias? Mais uma vez, a resposta é Deus, pois só Ele, sendo onisciente, seria capaz de tal empreendimento. Quanto a saber o que é feito das teorias científicas, se a matéria é negada, a resposta não poderia ser mais direta: elas se aplicam ao mundo da nossa experiência, permitindo-nos prever resultados, e apenas isto — não existem fora da nossa mente.

Num plano menos espiritual, uma das obras mais conhecidas de Berkeley foi — um best-seller à época — *Siris, a chain of philosophical reflections and inquiries, concerning the virtues of tar-water* (1744), na qual disseminava com zelo evangélico a boa nova dos benefícios medicinais da água de alcatrão, verdadeira cura milagrosa para todos os males.

> ## UNIVERSIDADE DA CALIFÓRNIA, BERKELEY
>
> Uma das melhores universidades do mundo foi fundada quando a Faculdade da Califórnia e a Faculdade de Agricultura, Mineração e Artes Mecânicas se fundiram em 1868. E quem foi que as autoridades decidiram homenagear na hora de batizar a nova instituição? O bom bispo, naturalmente, graças às suas ideias esclarecidas a respeito da educação colonial... De tal maneira que Berkeley, afinal, mereceu uma universidade *só para ele*, algo que tanto desejava.

VOLTAIRE

(1694 — 1778)

SÁBIAS PALAVRAS

"A dúvida não é uma condição agradável.
Mas a certeza é uma condição absurda."
Carta a Frederico, o Grande, 28 de novembro de 1770

François-Marie Arouet nasceu em Paris e foi educado pelos jesuítas no Collège Louis-le-Grand. A partir dos vinte e poucos anos, seus textos satíricos lhe trouxeram problemas, levando a períodos em que foi banido de Paris e até mesmo preso na Bastilha. Foi num desses períodos no cárcere que ele adotou o nome Voltaire. Em 1726, foi libertado sob a condição de se transferir imediatamente para a Inglaterra, onde passou três anos convivendo com grandes personalidades literárias e políticas. Voltaire ficou impressionadíssimo com os conceitos de liberdade civil e monarquia constitucional que lá encontrou, e também com a abordagem empírica adotada por John Locke (pág. 105) e Isaac Newton, que lhe inspirariam o arcabouço racional para combater a superstição e a ignorância que ele identificava em seu próprio país.

Voltaire já concebera poesia, teatro e ensaios, mas, a partir desse momento, seus escritos assumiram um caráter mais declaradamente filosófico.

De volta à França, começou a trabalhar nas suas *Cartas filosóficas,* ou *Cartas inglesas* (1734), expressando sua admiração pelas atitudes liberais que lá encontrara. Elas contrastavam com as normas francesas, com a monarquia absolutista, a aristocracia arraigada e a forte intolerância religiosa prevalecentes no país, e Voltaire passou a desafiar abertamente os poderes estabelecidos. Seu livro provocou novas ameaças contra si próprio, e dessa vez ele se recolheu para o interior do país, a fim de não ser preso. Em 1750, deixou a França para se estabelecer na corte prussiana, a convite de Frederico, o Grande, e embora os dois viessem a se desentender depois de alguns anos, continuaram a se corresponder.

CAPÍTULO SETE: A ERA DO ILUMINISMO

Voltaire passaria então a viver na Suíça, numa locali-
dade próxima a Genebra, em 1755, e foi lá que publicou
Cândido, ou o otimismo (1759). O romance satiriza a filosofia de Leibniz (pág. 111) por meio do personagem
dr. Pangloss, tutor de Cândido, que garante ao protegido
que absolutamente tudo — terremotos, guerras, estupros,
assassinatos, o que for — acontece para o bem "neste que
é o melhor dos mundos possíveis" (ver, no quadro abaixo,
outras pérolas de sabedoria). Voltaire era deísta — acreditava na existência de um ser supremo — e não cristão,
tendo constatado suficientemente os males que a religião
organizada podia causar. Seu *Dicionário filosófico* (1764),
volume que podia ser levado no bolso, continha verbetes
mais uma vez argumentando contra a Igreja, por estimular a superstição, a repressão e a intolerância, e preconi-
zando a liberdade de expressão.

Autor fecundo (escreveu também obras históricas e
científicas, além de vasta correspondência), permanente
espinho no pé da Igreja e do Estado, e defensor da razão,
Voltaire era a verdadeira encarnação do Iluminismo, com
ideias que viriam a influenciar a Revolução Francesa,
na iminência de estourar.

O MUNDO SEGUNDO PANGLOSS

Como o dr. Pangloss, erudito professor que ensinava
a metafísico-teológico-cosmolonigologia, dizia a
Cândido, "as coisas não podem ser de outro jeito:

pois sendo tudo criado para uma finalidade, tudo existe necessariamente para a melhor finalidade. Notem que o nariz foi feito para sustentar óculos. As pernas foram visivelmente concebidas para usar calças, e nós temos calças". Nem mesmo o fato de ter contraído sífilis afeta seu otimismo, "pois, se Colombo não tivesse contraído numa ilha da América essa doença que envenena a fonte da vida, e não raro chega a impedir a geração, assim se opondo evidentemente à grande finalidade da natureza, não teríamos nem o chocolate nem a cochonilha". De modo que está tudo bem, então.

DAVID HUME

(1711 — 1776)

SÁBIAS PALAVRAS

"A grande vantagem das ciências matemáticas sobre as ciências morais consiste no fato de que as ideias daquela, sendo lógicas, são sempre claras e definidas."
Investigação sobre o entendimento humano

Nascido em Edimburgo, na Escócia, David Hume estudou na universidade local, iniciou mas abandonou uma carreira como advogado, trabalhou como auxiliar de escritório em Bristol e, em 1734, foi para La Flèche,

CAPÍTULO SETE: A ERA DO ILUMINISMO 123

na França, onde René Descartes (pág. 101) se formara. Lá permaneceu três anos, estudando e trabalhando na sua primeira e mais importante obra, *Tratado da natureza humana* (1739-40), até afinal retornar à Escócia. O subtítulo do livro, *Uma tentativa de introduzir o método experimental de raciocínio nos assuntos morais*, deixa claro que pretendia levar à sua conclusão lógica o trabalho de pensadores empiristas, tais como Locke e Berkeley (págs. 105 e 116), descartando quaisquer explicações que dependessem antes "da invenção que da experiência". Hume dividiu o *Tratado* em três sessões — "Do entendimento", "Das paixões" e "Da moral" —, abarcando suas ideias sobre percepção, causalidade, identidade e ética em relação aos indivíduos e à sociedade. Mas, apesar de ambicioso, o livro não obteve repercussão ao ser publicado.

"... NADA ALÉM DE SOFISMAS E ILUSÃO"

Raciocinar, dizia Hume, é uma questão de descobrir relações entre as coisas. Ele identificava dois tipos: "relações de ideias" e "questões de fato".
Ser 15 a metade de 30, por exemplo, pode ser descoberto e demonstrado exclusivamente pela razão, sem referência a outras formas de comprovação, e portanto está na primeira categoria. Afirmações como "O sol vai nascer amanhã", contudo, não podem ser demonstradas exclusivamente pela razão;

124 A HISTÓRIA DA FILOSOFIA PARA QUEM TEM PRESSA

> como a sua negação é concebível, dependemos da experiência para determinar se são verdadeiras ou falsas — o que significa que pertencem à segunda categoria.
> Para Hume, a matemática era a única forma válida de raciocínio demonstrativo. Os livros que não contivessem demonstrações matemáticas nem raciocínio empírico — e ele assinalava em especial os de metafísica e teologia — mereciam ser "lançados às chamas" por não serem nada além de... deixa pra lá.

Não se deixando abalar, ele escreveu *Ensaios morais, políticos e literários* (1741-42), obra que teve um impacto imediato, e sua reputação literária começou a crescer. Seguiram-se uma reformulação do *Tratado*, agora intitulado *Investigação sobre o entendimento humano* (1748), e *Uma investigação sobre os princípios da moral* (1751). Hume também publicaria *História da Inglaterra* (1754-62), em seis volumes.

Já reconhecido como eminente homem de letras, em 1763 Hume foi nomeado secretário do embaixador britânico em Paris, onde passou a conviver com a elite literária francesa. Em 1766, acompanhou à Inglaterra Jean-Jacques Rousseau (pág. 126), importante figura do Iluminismo, mas a viagem terminou desastrosamente, com uma seríssima disputa entre os dois. Acusado de ateísmo, Hume postergou a publicação da sua derradeira obra filosófica, *Diálogos sobre a religião natural*, que só viria a público em 1779.

CAPÍTULO SETE: A ERA DO ILUMINISMO

As principais teses de Hume se encontram no *Tratado*. Segundo ele, a mente consiste em percepções, que são de dois tipos: impressões (sensações, paixões e emoções), que são fortes e vívidas; e ideias (pensamentos e raciocínio), que não passam de débeis cópias daquelas. Não podemos dizer que essas impressões representam objetos reais porque não dispomos de objetos reais para servir de base de comparação. Podemos *pensar* que vivemos num mundo de objetos que existem no tempo e no espaço, ordenado por leis causais, mas isto é apenas resultado do costume e do hábito, e o que esperamos ver é determinado pela experiência. Quanto às paixões, são o que nos faz agir, invariavelmente antecedendo a razão. Além disso, não podemos deduzir certezas éticas ou morais do fato de considerar as coisas, por exemplo, "boas" ou "ruins", pois se trata meramente de avaliações pessoais. Apenas porque tal ceticismo não ajuda muito na vida cotidiana é que, por motivos práticos, aceitamos que nossos sentidos estejam refletindo coisas reais.

Em vez de se valer dessa posição para sugerir a existência de uma realidade última, Hume se saiu com uma explicação naturalista, e não metafísica — nada de um ser supremo nem de princípios primordiais —, baseada exclusivamente na experiência e na observação. Embora fosse mais conhecido em vida como historiador, seu empenho no sentido de esclarecer como sabemos o que sabemos teve grande influência em filósofos posteriores.

JEAN-JACQUES ROUSSEAU

(1712 — 1778)

SÁBIAS PALAVRAS

"O homem nasce livre;
e por toda parte se encontra acorrentado."

O contrato social

Nascido na cidade calvinista (de rigorosíssimo protestantismo) de Genebra, Jean-Jacques Rousseau teve uma infância conturbada. A mãe morreu dias após seu nascimento, e, dez anos depois, o pai fugiu para não ser preso, passando Rousseau a ser criado por um tio. Sua educação formal não foi muito longe, e ele deixou Genebra em 1728, percorrendo a Itália e a Savoia até finalmente se mudar para Paris, em 1742.

Na capital francesa, ganhou a vida como secretário e copista de partituras musicais. Depois de compor uma ópera, ele atraiu a atenção de Voltaire (pág. 119) e logo também de Denis Diderot (ver quadro na pág. 128), e, em consequência destes contatos, viria a redigir verbetes para a *Encyclopédie*: sobre música (1749) e mais tarde economia política (1755). Num premiado ensaio de 1750, *Discurso sobre as ciências e as artes*, Rousseau sustentava que os progressos nesses terrenos, em vez de benéficos, corrompiam a bondade natural das pessoas, limitando

CAPÍTULO SETE: A ERA DO ILUMINISMO 127

sua liberdade. Já no *Discurso sobre a origem e os fundamentos da desigualdade entre os homens* (1754), desenvolveu a tese de que as pessoas são essencialmente boas, além de livres, quando em estado natural, mas se corrompem e ficam infelizes com suas experiências em sociedade — sendo esta um conceito artificial que remontaria à primeira pessoa que cercou uma extensão de terra, proclamando: "É minha!" Essas ideias seriam novamente ventiladas em sua obra mais importante de filosofia política, *O contrato social* (1762).

Nela, Rousseau preconiza um acordo — o contrato do título — pelo qual, em troca da proteção dada pela sociedade, os indivíduos abram mão de seus direitos naturais em prol da "vontade geral" coletiva. A soberania, que para Rousseau significa o poder de promulgar leis, reside nessa vontade geral do povo e, portanto, só pode representar o bem comum. As leis dela decorrentes são, então, promulgadas pelo governo. A liberdade e a igualdade automaticamente servem para todos, pois a vontade geral protege cada um da vontade do outro, ao passo que as leis aprovadas coletivamente não podem comprometer as liberdades individuais (embora fique claro que quem discordar "será forçado a ser livre" — no seu próprio interesse, naturalmente). Rousseau reconhecia que o tipo de governo republicano que propunha funcionaria melhor numa pequena cidade-estado — como Genebra, por exemplo —, e não num país grande, mas a ideia do Estado dotado de uma vontade coletiva e prioritária tem sido aceita por muitos países grandes desde então.

Suas ideias sobre educação também teriam grande influência. Em *Emílio, ou da educação* (1762), Rousseau recomenda que as tendências naturais das crianças sejam estimuladas em seu desenvolvimento, e não tolhidas ou disciplinadas, e que o aprendizado decorra do exemplo, e não de livros ou mesmo aulas. O que não deixa de ser estranho, quando se sabe que abandonou os cinco filhos em um orfanato público.

ENCYCLOPÉDIE

Em 1745, quando decidiu traduzir para o francês a *Cyclopaedia* (1728) do autor inglês Ephraim Chambers, o editor e impressor parisiense André le Breton não tinha ideia do movimento que estava iniciando. Depois de várias tentativas fracassadas, Denis Diderot tornou-se o editor-chefe da *Encyclopédie ou Dictionnaire Raisonné des Sciences, des Arts et des Métiers*, auxiliado por Jean le Rond d'Alembert. Entre 1751 e 1765 foram publicados dezessete volumes, com verbetes sobre todos os ramos do conhecimento, como a filosofia, a matemática, a política e a religião. Entre os colaboradores estavam muitas das mais conhecidas figuras do Iluminismo francês, como Voltaire e Rousseau (págs. 119 e 126).

IMMANUEL KANT

(1724 — 1804)

SÁBIAS PALAVRAS

"Age somente segundo aquela máxima pela qual possas, ao mesmo tempo, querer que ela se torne uma lei universal."
Fundamentação da metafísica dos costumes

Filho de um seleiro, Immanuel Kant nasceu em Königsberg, Prússia Oriental, tendo vivido na cidade ou em suas imediações a vida inteira. Estudou na universidade local, onde passou a lecionar como professor assistente, até se tornar titular da cadeira de lógica e metafísica, no ano 1770. Conhecido por levar uma vida ordeira e tranquila (ver quadro na página seguinte), Kant causou bem mais impacto, como já era de se esperar, com suas obras filosóficas.

Na *Crítica da razão pura* (1781), ele apresenta uma síntese do racionalismo de Leibniz (pág. 111), segundo o qual todo conhecimento decorre de deduções baseadas em ideias existentes, e do empirismo de Hume (pág. 122), para o qual o conhecimento só pode derivar da observação.

Kant conclui que contamos com a estrutura da nossa mente para conhecer o mundo, podendo a razão pura ser conhecida antes (*a priori*) da experiência. Em outras palavras, nossa mente não é uma tela em branco, passivamente esperando os efeitos dos objetos exteriores; pelo contrário, ela desempenha um papel ativo na aquisição do conhecimento ao processar as informações que percebe (apreendidas). E o que percebemos dos objetos resulta da nossa condição de observadores, nada tendo a ver com os objetos em si.

QUE HORAS SÃO, SR. KANT?

Em seu livro *História da religião e da filosofia na Alemanha* (1832), escreve Heinrich Heine: "Não creio que o grande relógio da catedral [de Königsberg] desempenhasse sua rotina diária de maneira mais desapaixonada e metódica que o morador Immanuel Kant. Levantar-se pela manhã, tomar café, escrever, dar aulas, comer, caminhar, tudo tinha sua devida hora, e os vizinhos sabiam que eram exatamente três e meia quando Immanuel Kant saía de casa vestindo seu paletó cinza justo, segurando sua indefectível bengala, e se dirigia para a curta alameda de tílias, até hoje conhecida como "Caminho do Filósofo".

Kant sentiu que suas conclusões equivaliam na filosofia a uma revolução copernicana — referindo-se à pioneira descoberta do astrônomo Nicolau Copérnico de que o Sol era o centro do universo. Ele identifica categorias como tempo e espaço, que não existem externamente e portanto não podem ser apreendidas pela experiência; na verdade, elas são os conceitos básicos do arcabouço que nos ajuda a entender o mundo. Efetivamente, embora a mente não *crie* o mundo, ela constitui a maneira como o mundo se revela.

Para Kant, tanto a natureza da realidade quanto a moral humana se fundamentam na razão, que vem a ser o princípio subjacente da filosofia moral. Assim como existe uma lei da natureza, existe também uma lei moral, resultando cada uma delas do processo pelo qual nossa mente impõe ordem à enorme quantidade de informações recebidas. Na *Fundamentação da metafísica dos costumes* (1785), Kant refina sua suprema lei moral, o famoso imperativo categórico (ver citação em epígrafe). Basicamente, se você quiser fazer a coisa certa, adote um comportamento que gostaria de ver aplicado como princípio universal e que lhe permita tratar os outros como fins em si mesmos, e não apenas meios para alcançar os seus fins.

A *Crítica da razão prática* (1788) também trata da ética e da busca por leis morais, ao passo que a *Crítica do juízo* ou *Crítica da faculdade de julgar* (1790) aborda os juízos estéticos, levando também à teologia: a partir da arte, passando pelo artista que reproduz as belezas da natureza, até chegar ao criador dessa bela natureza. Como no caso dos seus pontos de vista sobre a percepção e a ética, Kant tentava estabelecer um princípio estético *a priori* para explicar nossa percepção da beleza.

A filosofia de Kant, por ele mesmo designada como idealismo "transcendental" ou "crítico", tentava conciliar a autoridade da ciência — levando em consideração a revolução promovida nas ciências naturais por homens como Copérnico — com a experiência cotidiana de cada um num mundo cheio de preocupações de ordem moral, estética, cultural e religiosa.

AINDA CONFUSO?

Se não estiver, experimente só isto aqui, extraído da *Crítica da razão pura*, de Kant: "A proposição assertórica nos fala de realidade lógica, ou verdade; como, por exemplo, num silogismo hipotético em que o antecedente se apresenta de forma problemática na maior, de forma assertórica na menor, mostrando que a proposição está em harmonia com as leis do entendimento. A proposição apodítica concebe a proposição assertórica como determinada por essas mesmas leis do entendimento, e assim, afirmando *a priori*, expressa uma necessidade lógica."
Melhor agora? Então ok, fica combinado assim.

CAPÍTULO OITO

CHEGANDO AO SÉCULO XIX

A Revolução Francesa e suas consequências deixaram um legado de agitação política na Europa do fim do século XVIII e início do século XIX. Os ideais democráticos, o mergulho num caos sanguinolento e as Guerras Napoleônicas puseram em movimento aspirações revolucionárias, numa época em que os avanços da ciência e da tecnologia conferiam poder a grupos sociais que até então não se destacavam pela força política. Revoluções populares estouraram em 1848 — o ano do *Manifesto comunista*, de Marx — na França e na Alemanha. Enquanto os trabalhadores do mundo eram exortados a se unir, instigados por ideias socialistas, comunistas e anarquistas, seus patrões capitalistas abraçavam o liberalismo de livre mercado. Na década de 1870, os mapas tiveram de ser reformulados, pois na Alemanha e na Itália movimentos nacionalistas levaram à unificação desses países, só então transformados nas entidades políticas que hoje conhecemos. E por trás de toda a turbulência política, social e econômica, os filósofos não estavam de braços cruzados — em certos casos, formulando teorias para explicar os acontecimentos a que assistiam, mas eventualmente também parecendo gerar as forças propulsoras da ação.

JEREMY BENTHAM
(1748 — 1832)

SÁBIAS PALAVRAS

"... a felicidade maior do maior número é o fundamento da moral e da legislação."
The Commonplace Book

Filho e neto de advogados, Jeremy Bentham estava destinado à carreira jurídica. Nascido em Londres, foi para Oxford aos 12 anos e já aos 15 era admitido numa das sociedades de advogados da Inglaterra, a Lincoln's Inn. Mas Bentham não demoraria a chegar à conclusão de que o direito estava por demais preso a filigranas técnicas irracionais — mostrando-se particularmente um crítico do grande jurista de então na Inglaterra, Sir William Blackstone —, e assim se imbuiu da missão de elucidar os fundamentos de um sistema jurídico justo e racional.

A base das ideias de Bentham, expostas na sua obra *Uma introdução aos princípios da moral e da legislação* (1789), é a utilidade: "a propriedade encontrada em qualquer

CAPÍTULO OITO: CHEGANDO AO SÉCULO XIX

coisa que o faz tender a produzir benefício, vantagem, prazer, bem ou felicidade [...] ou [...] impedir dano, dor, mal, ou infelicidade".

Para avaliar e julgar se um ato é correto, cabe medir sua tendência a promover a maior felicidade para o maior número de pessoas, filosofia que ficou conhecida como utilitarismo. Felicidade é o mesmo que prazer (abrangendo a ausência de dor), sendo alcançada pelo emprego da lei e da razão — a lei certa gera felicidade, sendo certa a lei que vai ao encontro da razão, e portanto do princípio de utilidade. Para calcular a probabilidade de um ato promover felicidade, ele desenvolveu um cálculo felicífico ou hedonístico ("indutor de felicidade") levando em consideração coisas como intensidade, duração e probabilidade de prazeres e dores.

Desejando pôr suas ideias em prática, concebeu sua famosa prisão, o Panóptico de Bentham. Tratava-se de uma estrutura circular na qual os presos eram encarcerados em torno de uma torre central de observação, incapazes de saber se estavam ou não sendo vigiados — ou mesmo se havia alguém na torre —, e assim, sendo induzidos a fiscalizar os próprios comportamentos. Bentham considerava que, como toda punição é sinônimo de dor, ela só se justifica se for sobrepujada pela redução da dor (ou aumento do prazer) que causar em outra pessoa. Tudo bem, então, se o indivíduo for impedido de fazer coisas que possam levar a mais dor, mas não faz sentido punir só por punir.

Para Bentham, não havia direitos e deveres naturais, como tampouco contratos sociais. Os únicos direitos eram os que se baseavam na lei, vinculados a uma autoridade de impô-los em nome da utilidade. Quando se começa a falar de direitos morais, se está apelando para uma autoridade moral superior — o que é irracional. E, de qualquer maneira, à parte essas objeções de natureza teórica, ele culpava a invocação de direitos naturais pela terrível violência da Revolução Francesa.

Bentham esperava que os políticos enxergassem as vantagens da introdução de reformas para promover a felicidade coletiva, mas como isto não ocorresse, revigorou-se o seu entusiasmo por reformas democráticas e a ampliação dos direitos de voto. Ele achava que, com os avanços do sistema educacional, aumentaria cada vez mais o número de pessoas calculando racionalmente o

CAPÍTULO OITO: CHEGANDO AO SÉCULO XIX

que seria do seu melhor interesse a longo prazo, o que por sua vez levaria à ampliação da felicidade geral.

Por trás do utilitarismo de Bentham está o foco no presente e no futuro. A legislação (o direito), assim, deve contemplar estatutos estabelecidos por um parlamento democrático com base na razão, em vez de se voltar para precedentes e costumes passados; as punições e a obediência ao Estado devem representar uma prevenção de futuros danos, e não represália por atos passados ou vinculada a promessas anteriores.

O "AUTOÍCONE"

Numa caixa de madeira no University College (Londres), encontra-se exposto aos olhos de todos o esqueleto sentado de Jeremy Bentham, com suas próprias roupas e uma cabeça de cera (deveria ter sido a verdadeira, mas algo deu terrivelmente errado no processo de preservação). É o "Autoícone" de Bentham, um homem que é a sua própria imagem, tendo sido preservado para a posteridade por vontade expressa no testamento do filósofo. Diz a lenda que o Autoícone frequenta regularmente as reuniões do conselho diretor da faculdade, ficando sua participação registrada nas atas como "presente, mas sem direito a voto".

GEORG WILHELM FRIEDRICH HEGEL

(1770 — 1831)

SÁBIAS PALAVRAS

"O que é racional é real e o que é real é racional."
Princípios da filosofia do direito

Nascido em Stuttgart, Alemanha, G.W.F. Hegel estudou teologia em Tübingen e trabalhou como tutor durante algum tempo antes de se tornar professor assistente de filosofia em Jena, em 1801. Após a vitória de Napoleão na Batalha de Jena, em 1806, contudo, a universidade foi fechada. O primeiro de seus quatro livros publicados em vida, *Fenomenologia do espírito* (1807), saiu pouco depois, tendo sido concluído na véspera da batalha. Nos nove anos que então passou como diretor de escola em Nuremberg, Hegel publicou os dois volumes da sua *Ciência da lógica* (1812 e 1816). Em 1816, foi nomeado professor de filosofia em Heidelberg, onde escreveu a *Enciclopédia das ciências filosóficas em compêndio* (1817). Sua etapa profissional seguinte, em 1818, foi como professor de filosofia em Berlim, cidade onde escreveu *Princípios da filosofia do direito* (1820). Hegel permaneceria lá até morrer de cólera, durante uma epidemia da doença.

CAPÍTULO OITO: CHEGANDO AO SÉCULO XIX

Considerado por muitos o maior dos filósofos idealistas alemães, Hegel erigiu um amplo sistema de pensamento para entender o que via ao seu redor. Segundo ele, o mundo não é um conjunto de unidades separadas e contraditórias; apesar das aparências, essas unidades contraditórias fazem parte, na verdade, de um todo unificado — o Absoluto —, pois podem ser combinadas, aprimoradas e desenvolvidas para gerar uma compreensão mais aperfeiçoada da realidade. A realidade deve ser racional, e sua estrutura fundamental se reflete na estrutura dos nossos pensamentos, em nosso empenho em unificar o que inicialmente nos parece ser apenas contradições. As etapas que vencemos para chegar às verdades lógicas devem ser as mesmas pelas quais a realidade avança. Fundamental nessa progressão é o conceito de "espírito", desenvolvido por Hegel, o qual, mediante um processo dialético, acaba evoluindo para uma forma superior (ver quadro na página seguinte).

Na obra *Fenomenologia do espírito*, Hegel descreve o desenvolvimento do espírito, desde a consciência elementar, passando pela autoconsciência e a razão, até a pura consciência do espírito, que é conhecimento absoluto. Já na *Ciência da lógica*, ele explica de que maneira os conceitos da realidade são revelados pelo raciocínio dialético: propõe-se uma tese, examina-se o seu oposto, ou antítese, e desse conflito surge uma síntese. É assim que o raciocínio humano avança, e não é apenas a lógica que segue essa progressão; a história também se move de maneira semelhante em direção ao Absoluto, como deixam claras suas anotações de aula (ver a seguir). Na *Enciclopédia das ciências filosóficas*, Hegel aplica a abordagem dialética a todas as áreas do conhecimento, ao passo que *Princípios da filosofia do direito* contém a sua filosofia política.

As anotações de aula de Hegel sobre a filosofia da história — e também sobre arte, religião e filosofia — foram publicadas postumamente. Ele enxergava a história como um progresso em direção à liberdade: desde os antigos impérios do Oriente, onde só os governantes eram livres, passando pelos gregos, com sua devoção à cidade-estado, e chegando à Reforma protestante, quando os indivíduos se deram conta de que eram capazes de alcançar a própria salvação. Imbuído do espírito da sua época, Hegel acreditava em conceitos como progresso e determinação. Exerceu enorme influência na filosofia alemã do século XIX e, com suas teses sobre o progresso histórico, foi fundamental para a teoria política de Karl Marx (pág. 150), ao passo que seu raciocínio dialético, sem a ideia de espírito, seria transformado no materialismo dialético de Marx.

AS TRÍADES HEGELIANAS

Tais tríades, que nada têm a ver com gângsteres chineses, são as três partes do processo dialético descrito por Hegel. Para usar seu próprio exemplo: Tome-se primeiro uma tese, o *ser*; invoque-se então a sua antítese, o *nada*; a síntese que daí resulta é o *devir* (*vir-a-ser*). Simplificando: tese e antítese se combinam no conceito de "devir" ("vir-a-ser").

ARTHUR SCHOPENHAUER

(1788 — 1860)

SÁBIAS PALAVRAS

"Todo homem toma os limites do seu próprio campo de visão como os limites do mundo."

Aforismos para a sabedoria de vida

Schopenhauer nasceu em Danzigue (atual Gdansk, na Polônia), filho de um comerciante bem-sucedido, grande entusiasta das obras de Voltaire (pág. 119), e de uma mãe que nutria aspirações literárias. Quando a cidade foi anexada pela Prússia, em 1793, a família se mudou para Hamburgo. Frequentou escolas na França e na Inglaterra, e, ao voltar para casa, com o intuito de agradar ao pai, começou a trabalhar como escriturário. Mas detestava a vida no comércio, considerando-se antes um acadêmico, e, quando o pai se suicidou, em 1805, deixando-lhe considerável herança, sentiu-se livre para repensar seu futuro.

Em 1809, já estava estudando filosofia na Universidade de Göttingen. Em 1811, mudou-se para Berlim, para dar prosseguimento aos estudos, e finalmente concluiu sua tese em 1813, em Jena. Intitulada "Sobre a quádrupla raiz do princípio da razão suficiente", contestava a ideia de que o que é real é racional — em outras palavras, de que o mundo é suscetível de ser conhecido; como sua mãe declarasse o texto incompreensível, cortou relações com ela. Em 1814, Schopenhauer se transferiu para Dresden, onde começou a escrever sua obra mais famosa, *O mundo como vontade e representação* (1818). Foi nomeado professor assistente na Universidade de Berlim, no ano 1820, mas teve a audácia de agendar suas aulas para coincidirem com as de Hegel (pág. 138), cujo trabalho ele desprezava. Não surpreende, assim, que, sendo Hegel o professor, Schopenhauer não atraísse muitos alunos e, ressentido, acabasse desistindo da carreira acadêmica para se dedicar à escrita.

Para Schopenhauer, ateu declarado, o mundo não passa de uma série de impressões momentâneas, e a realidade suprema é a vontade — sem propósito, irracional, impenetrável e implacável. O intelecto humano, assim, vê-se dominado por um esforço cego fadado a decepcionar. Um dos primeiros filósofos ocidentais a se deixar influenciar por ideias orientais (tanto hinduístas quanto budistas), Schopenhauer insistia na universalidade do sofrimento e sustentava que a salvação só pode ser alcançada pela superação da vontade por meio do ascetismo e da renúncia. Segundo ele, eram três os caminhos a seguir: o estudo da filosofia; a contemplação de obras de arte e a escuta musical; e ter compaixão pelos outros (já que, por trás das diferenças superficiais, somos todos iguais).

Entre suas obras mais tardias, *Sobre a vontade na natureza* (1836) procura embasar suas ideias nas ciências empíricas, ao passo que *Sobre o fundamento da moral* (1840) trata de questões como liberdade e determinismo. Em 1844, publicou uma edição revista de *O mundo como vontade e*

CAPÍTULO OITO: CHEGANDO AO SÉCULO XIX

representação, contendo cinquenta capítulos adicionais, o que praticamente dobrava o número de páginas da obra, que ainda assim não causou grande impressão. Foi apenas com a publicação de *Parerga e paralipomena* (1851), coletânea mais tardia de ensaios e observações filosóficas, que ele finalmente recebeu a atenção que julgava merecida. Embora seja, em geral, considerado um perfeito pessimista — e o momento era de grande pessimismo na Europa, após o longo período de agitações revolucionárias —, Schopenhauer sugeriu maneiras, especialmente por meio da arte, de transcender as frustrações da condição humana. Por esse motivo, suas ideias despertaram interesse em muitos escritores e músicos, como Thomas Mann, Proust, Tolstói e Wagner, assim como em outros filósofos, dentre eles Nietzsche (pág. 157).

"OBIT ANUS, ABIT ONUS"

Embora afirmasse que a compaixão era o maior estímulo ao comportamento ético, Schopenhauer não parece ter se sentido pessoalmente muito compelido nessa direção. Foi condenado por empurrar uma costureira escada abaixo com um pontapé e obrigado a lhe pagar uma pensão a título de indenização. Quando ela morreu, ele comentou, em latim: *"Obit anus, abit onus"* — "A velha morre, o encargo se extingue".

JOHN STUART MILL

(1806 — 1873)

SÁBIAS PALAVRAS

"Os homens maus só precisam, para alcançar seus objetivos, que os homens bons se limitem a contemplar, cruzando os braços."
Discurso inaugural na Universidade de St. Andrews, 1867

Nascido em Londres, filho do filósofo e historiador escocês James Mill, John Stuart Mill foi uma criança prodígio, que recebeu de seu pai uma ambiciosa educação. Aos três anos, ele começou a estudar grego; o latim veio depois, quando já tinha oito, seguido pela lógica e a economia política no início da adolescência, e mais tarde história, direito e filosofia. O objetivo era permitir ao jovem Mill juntar-se ao grupo dos Radicais Filosóficos para defender a causa benthamita (ver quadro na pág. 146). Por algum tempo, até que tudo funcionou como planejado, e John Stuart Mill seguiu as recomendações do pai, participando da formação da Sociedade Utilitarista e colaborando na *Westminster Review*. Em 1826, contudo, sofreu uma "crise mental", segundo explicaria mais tarde, e a partir de então se empenhou menos radicalmente no proselitismo utilitarista.

Mill era um empirista aplicado, convencido de que as verdades só podem ser alcançadas por meio da

CAPÍTULO OITO: CHEGANDO AO SÉCULO XIX

experiência. Considerava que a alternativa — confiar na intuição — simplesmente reforçava os preconceitos. Sua ambição era reunir conhecimentos empíricos que pudessem ser aplicados não só às ciências, mas também à política e à moral. Seu primeiro grande trabalho, que estabeleceu sua reputação como principal filósofo da Inglaterra no século XIX, foi *Sistema de lógica dedutiva e indutiva* (1843). A obra detalha os princípios da lógica e da matemática, e em seguida passa a discutir dedução e indução, observação e classificação, as falácias do raciocínio e das ciências morais. Tudo isso apresentava uma evidente dimensão prática, pois Mill esperava que seu sistema contribuísse para promover mudanças sociais e políticas.

O livro pelo qual é mais conhecido, *Sobre a liberdade* (1859), discute a liberdade do indivíduo em relação à sociedade e ao Estado, argumentando que "o único propósito para o qual o poder pode ser legitimamente exercido sobre qualquer integrante de uma comunidade civilizada, contra a sua vontade, é impedi-lo de prejudicar terceiros. O seu próprio bem, seja físico ou moral, não é justificativa suficiente". A posição de Mill não tinha como premissa ideias sobre direitos, mas a crença na utilidade: se todos estivessem em busca da própria felicidade, juntos contribuiriam para o bem geral da sociedade. A maioria não deveria excluir os que discordassem, e a liberdade de expressão deveria ser estimulada, pois o debate autêntico permite que cada um examine as próprias convicções.

Em *O utilitarismo* (1863), Mill afirma que o bem e o direito têm padrões objetivos, equivalendo o bem à maior felicidade que existe. Entretanto, alterando a conceituação de Jeremy Bentham, Mill distingue os prazeres mais elevados dos inferiores.

Dentre suas outras obras, *A sujeição das mulheres* (1869) desenvolve teses em favor da liberdade individual — "a subjugação jurídica de um sexo ao outro é errada em si mesma..." — e do bem geral — "... constituindo hoje um dos maiores obstáculos ao progresso humano".

OS RADICAIS FILOSÓFICOS

O nome já diz tudo: era um grupo de pensadores radicais inspirados pela filosofia utilitarista de Jeremy Bentham (pág. 134) e James Mill.
Vários deles, inclusive por breve período, John Stuart Mill, filho deste último, foram eleitos para o Parlamento, lá se valendo da sua influência para preconizar reformas políticas.
O porta-voz do grupo era a *Westminster Review*, publicação trimestral fundada por Bentham e James Mill, em 1823.

Por trinta e cinco anos, até o fechamento em 1858, John Stuart Mill trabalhou para a Companhia das Índias Orientais, como já havia feito o próprio pai. Em 1865, ingressou no Parlamento, onde foi um forte defensor dos direitos das mulheres, entre outras preocupações liberais, como o sindicalismo e a abolição da escravatura. Curiosamente, era padrinho de Bertrand Russell (pág. 161).

SØREN KIERKEGAARD
(1813 — 1855)

SÁBIAS PALAVRAS

"... o conhecer se relaciona com aquele que conhece, o qual, essencialmente, é um existente, e que todo conhecimento essencial, por isso, se relaciona essencialmente com a existência e com o existir."

Pós-escrito às migalhas filosóficas

Considerado o pai do existencialismo (pág. 180), Søren Kierkegaard nasceu numa família abastada de Copenhague. Caçula de sete irmãos, foi criado num ambiente dominado pelo pai, Michael, profundamente religioso e melancólico, e que se considerava amaldiçoado por Deus na infância — achava que nenhum dos filhos sobreviveria a ele próprio, e no fim das contas estava certo a respeito de cinco deles. Kierkegaard estudou teologia na Universidade de Copenhague, mas se sentia cada vez mais atraído pela filosofia e pela literatura. Um período de vida de luxo e prazeres foi seguido por fases de angústia e turbulência emocional. Tomada conscientemente a decisão de entender o que se passava, preparou-se para entrar para a vida sacerdotal e se casar, porém, em 1840, rompeu o noivado e desistiu completamente da ideia de seguir carreira na Igreja. Haveria então de se dedicar às letras. Ao longo dos dez anos seguintes, escreveu inúmeros livros e opúsculos, entre os quais várias importantes obras filosóficas. Não raro usava pseudônimos, não para ocultar a própria identidade — ele não fazia segredo da sua atividade —, mas para ter a liberdade de adotar diferentes pontos de vista.

Kierkegaard se posicionou firmemente contra as tradições germânicas dominantes na época, em particular a afirmação de Hegel de que a vida podia ser explicada simplesmente pelo intelecto. Enxergava aí uma tentativa equivocada de substituir Deus, exaltando o homem, não obstante as limitações da capacidade humana de discernir com objetividade. Preferia focar sua atenção no caráter central da vontade e do livre-arbítrio. Para Kierkegaard, a subjetividade era o vetor principal em tudo que dissesse respeito aos atos e julgamentos humanos. Aplicou sua visão filosófica em obras contra o cristianismo institucionalizado, ao qual ele se referia pejorativamente como cristandade. Também aqui, enfatizava a escolha individual, em oposição à aceitação cega dos rituais da Igreja Luterana dinamarquesa.

Em *Ou isso ou aquilo: um fragmento de vida* (1843), Kierkegaard contrasta os modos de vida estético e ético. O primeiro está voltado para o prazer imediato — seja sensorial, físico ou intelectual —, ao passo que o segundo se assenta na moral e na vida futura. Uma vez entendendo

CAPÍTULO OITO: CHEGANDO AO SÉCULO XIX

que o caminho estético só leva à ansiedade e ao desespero, o indivíduo, segundo ele, vai optar pelo ético. Em *Temor e tremor* (1843), ele explica que, sendo Deus essencialmente incognoscível, será necessário um ato de pura fé para passar do caminho ético ao terceiro — o religioso —, citando como exemplo o fato de Abraão ter acatado a ordem divina de sacrificar seu amado filho Isaac. Essa "suspensão teleológica da ética" evidencia suprema convicção religiosa e incondicional obediência à vontade de Deus. Kierkegaard se fazia o solitário campeão da "reintrodução do cristianismo na cristandade".

ANGST

O mundo de fala inglesa deve agradecer a Kierkegaard pela introdução desta palavra para designar o sentimento de profunda insegurança e medo que ronda permanentemente os seres humanos. Em dinamarquês, *angst* significa "angústia", e foi usada por ele em seu livro *O conceito de angústia* (1844). Kierkegaard acreditava que a liberdade de escolha nos deixa em permanente estado de angústia quanto a nossas responsabilidades em relação a Deus. Para os existencialistas que viriam depois dele, era mais uma questão de responsabilidades em relação a nós mesmos, aos nossos princípios e aos das outras pessoas.

É nas suas *Migalhas filosóficas* (1844) e no *Pós-escrito às migalhas filosóficas* (1846) que Kierkegaard explicita sua contestação do conceito hegeliano de uma "ciência do espírito". Para ele, "a subjetividade é a verdade", em contraste com a formulação de Hegel segundo a qual "o que é racional é real".

Os títulos de outras obras suas, como *O conceito de angústia* (1844) e *O desespero humano* (1849), reforçam a imagem de Kierkegaard como arquétipo do filósofo atormentado e desiludido do mundo. Suas obras exerceriam grande influência em pensadores voltados para questões religiosas e éticas, especialmente os existencialistas.

KARL MARX

(1818 — 1883)

SÁBIAS PALAVRAS

"Os filósofos se limitaram a interpretar o mundo de diferentes maneiras. A questão, contudo, é mudá-lo."
"Décima primeira tese sobre Feuerbach",
e entalhada no túmulo de Marx,
no Cemitério de Highgate, Londres

Karl Marx nasceu e foi criado em Tréveris, cidade cosmopolita da antiga Prússia, por pais que haviam trocado o judaísmo pelo cristianismo, a fim de fugir do antissemitismo. Depois de estudar direito em Bonn durante um

CAPÍTULO OITO: CHEGANDO AO SÉCULO XIX

ano, mudou-se, em 1836, para Berlim, onde o interesse pela filosofia se ampliou sob a influência dos Jovens Hegelianos, grupo que se opunha aos ensinamentos idealistas de Hegel em favor do materialismo, mas recorrendo ao método dialético por ele exposto (pág. 153).

CAPITALISMO E COMUNISMO

O capitalismo, segundo a Editora Progresso de Moscou, é uma "formulação socioeconômica [...] baseada na propriedade privada dos meios de produção e na exploração do trabalho assalariado [...] A luta de classes do proletariado, que permeia toda a história do capitalismo, termina na revolução socialista". O que rapidamente nos conduz ao comunismo, "um sistema social sem classes com uma única forma de propriedade pública dos meios de produção e plena igualdade social de todos os membros da sociedade; nele [...] todas as fontes de riqueza cooperativa fluirão de maneira mais abundante, e o grande princípio 'De cada um de acordo com suas capacidades, e a cada um de acordo com suas necessidades' será aplicado" (*A Dictionary of Philosophy*, A.R. Lacey, 1967).

Parece bem simples, não acham?

Em 1842, Marx começou a editar o periódico liberal *Rheinische Zeitung* (*Gazeta Renana*), publicado na cidade de Colônia, que, no entanto, seria proibido pelo governo no ano seguinte, quando ele então se mudou para Paris. Lá, aderiu ao comunismo e conheceu Friedrich Engels, de quem seria amigo pelo resto da vida. Marx deixou a França em 1845 por motivos políticos e foi para Bruxelas, onde colaborou com Engels na redação de *A ideologia alemã* (1845-46), obra na qual introduzia sua famosa "concepção materialista da história", e do famoso *Manifesto comunista* (1848), que dispensa apresentações. Após a revolução de 1848 em Paris, retornou a Colônia para editar o *Neue Rheinische Zeitung* (*Nova Gazeta Renana*), versão mais radical do antigo jornal. Como este também seria fechado em 1849, transferiu-se para Londres, onde passaria o resto da vida.

Na sala de leitura do Museu Britânico, Marx começou a trabalhar em *O capital* (1867), um dos livros mais influentes de todos os tempos. Nele se encontram seus pontos de vista definitivos sobre a teoria da mais-valia (os lucros auferidos pelos capitalistas) e a exploração das classes trabalhadoras, prevendo a derrubada do capitalismo pelo socialismo e o surgimento de uma sociedade comunista sem classes. Os fundamentos filosóficos dessas ideias eram o materialismo histórico e o materialismo dialético.

Se o materialismo do século XVIII é a doutrina de que nada existe senão a matéria, o materialismo histórico vem a ser a nova abordagem de Marx: a aplicação

CAPÍTULO OITO: CHEGANDO AO SÉCULO XIX

de métodos dialéticos à evolução histórica, mostrando, entre outras coisas, que, ao longo do tempo, os seres humanos firmaram contratos sociais para sustentar a produção dos bens necessários à vida, sendo afinal definidos por tais contratos. Uma divisão do trabalho associada a uma divisão da sociedade em classes — seja entre escravos e senhores ou operários e capitalistas — foi a maneira como os seres humanos se organizaram historicamente para se sustentar.

As ideias expostas inicialmente em *A ideologia alemã* — os humanos são diferentes dos outros animais por produzirem aquilo de que precisam para sobreviver; o que eles são depende do que produzem e de como produzem; sua natureza é condicionada por suas condições materiais — seriam expandidas em *Contribuição à crítica da economia política* (1859): "Não é a consciência dos homens que determina sua existência, mas, pelo contrário, é a sua existência social que determina sua consciência."

O que nos leva ao materialismo dialético. Marx contrasta seu método dialético com o de Hegel: "Para Hegel […] o processo do pensamento, que, com o nome de 'Ideia', ele chega a transformar num sujeito independente, é o demiurgo do mundo real, e o mundo real não passa da forma externa e fenomenal da 'Ideia'. Para mim […] o ideal não passa do mundo material, refletido pela mente humana e traduzido em formas de pensamento".

Na visão de Marx, cada etapa da evolução da sociedade gera forças destinadas a derrubá-la, surgindo desse conflito uma nova sociedade: tese/antítese/síntese.

Marx trouxe a filosofia para o mundo real, com todas as suas complexidades políticas e econômicas. Embora muitas de suas doutrinas viessem a ter terríveis consequências práticas — basta pensar na Rússia de Stálin, na China de Mao —, a ideia de que a economia provoca mudanças históricas ainda hoje é influente, independentemente dos aspectos políticos do marxismo.

UMA DUPLA PRAGMÁTICA

A palavra "pragmatismo" foi introduzida na filosofia pelo americano Charles Peirce (1839-1914), que assim formulou sua máxima pragmática para esclarecer o significado de qualquer conceito: "Procuremos ver que efeitos de possíveis consequências práticas pode-se imaginar que tenha o objeto da nossa concepção. Então, nossa concepção desses efeitos vem a ser toda a nossa concepção do objeto" ("Como tornar claras as nossas ideias", *Popular Science Monthly*, vol. 12, 1878). Talvez se dando conta de que tal esclarecimento não era assim tão terrivelmente claro, Peirce tratou de parafrasear a máxima da seguinte maneira: "Devemos avaliar o resultado dos nossos conceitos para compreendê-los devidamente". O pragmatismo, assim, não era tanto um sistema filosófico, mas uma teoria do significado.

De formação científica, embora tenha sido professor assistente de lógica durante cinco anos na

CAPÍTULO OITO: CHEGANDO AO SÉCULO XIX

Universidade Johns Hopkins, em Baltimore, Peirce considerava que os conceitos precisam ser testados, exatamente como as hipóteses científicas. Assim como analisamos as ideias científicas examinando os efeitos que têm e os usos que delas podemos fazer, assim também a verdade de uma teoria — e a verdade só pode ser provisória, nunca definitiva — não pode ser separada de suas consequências. Para Peirce, "a opinião destinada a ser aceita em última análise por todos aqueles que investigam é o que entendemos por verdade, e o objeto representado nessa opinião é o real. É esta a maneira como eu explicaria a realidade" (*Collected Papers*, 1935). Ou então: uma vez estando todos de acordo em que algo é verdadeiro, esse algo se torna nossa realidade. Ele se sentiu no dever de cunhar a palavra pragmaticismo, para distinguir seu ponto de vista, quando seu compatriota William James (1842-1910), irmão do romancista Henry James, começou a estender a aplicação do pragmatismo para além da teoria do significado de Peirce.

James, formado pela Faculdade de Medicina de Harvard, onde também lecionou durante algum tempo, logo voltaria sua atenção para a filosofia e a psicologia, tornando-se professor em ambas as disciplinas. Somando 1.200 páginas, seus *Princípios de psicologia* (1890), nos quais se considera em geral terem sido expostos os fundamentos do tema tal como estudados hoje — com a dupla ênfase no trabalho científico experimental, em laboratório, e na importância da experiência direta —, se baseavam no funcionalismo: o entendimento das coisas por meio da sua função. Levando mais longe as ideias de Peirce, James argumentava que, se um conceito significa literalmente o que fazemos com ele, sua verdade então deve consistir em fazer com êxito o que quer que ele seja. Tinha plena convicção de que as ideias, tal como as mentes, podem ser estudadas por sua função. Em *Pragmatismo* (1907), sua obra filosófica mais conhecida, James afirma: "Quem segue o método pragmático [...] deve extrair de cada palavra seu valor prático em moeda sonante [ele se refere à sua utilidade para nós] e pô-lo para funcionar no fluxo da própria experiência". Os conceitos fazem parte de um processo ativo, não são meramente coisas estáticas a serem examinadas. Ele transformava o significado em ação: "'O verdadeiro', resumindo, é apenas o que é expediente no nosso modo de pensar, assim como 'o certo' é apenas o que é expediente no nosso comportamento." Em outras palavras, o verdadeiro é simplesmente aquilo que resulta num processamento útil da experiência; o certo é o que ajuda a lidar com essa experiência.

FRIEDRICH NIETZSCHE

(1844 — 1900)

SÁBIAS PALAVRAS

"O que eu entendo por 'filósofo': um terrível explosivo em cuja presença tudo corre perigo."

Ecce Homo

Nascido na província da Saxônia, filho de um pastor luterano, Nietzsche sempre foi um aluno brilhante, dos colégios que frequentou às universidades de Bonn e Leipzig. Em Bonn, estudou teologia e filologia, com o objetivo de também se tornar pastor, caminho que, no entanto, para ele se fechou, uma vez perdida a fé. Mudou-se para Leipzig, com o intuito de se concentrar na filologia, e foi lá que lhe chegou às mãos um exemplar de *O mundo como vontade e representação*, de Schopenhauer (pág. 141). E então ele se converteu. Com apenas 24 anos, foi nomeado professor de filologia na Universidade da Basileia, em 1869. Por breve período, no ano seguinte, serviu como enfermeiro voluntário na Guerra Franco-Prussiana, da qual retornou com a saúde bem debilitada. Foi o início de um longo declínio, tanto físico quanto mental, que o forçou a pedir demissão da universidade em 1878 e o conduziu à insanidade a partir de 1889 até falecer.

Nietzsche não era um filósofo convencional, trabalhando metodicamente para construir uma nova teoria sobre a natureza do conhecimento. Em vez disso, discorreu amplamente sobre questões de moral e religião em obras de intensa escrita e reflexão sobre o que leva os seres humanos a agirem da maneira como agem. Mais tarde, Freud se espantaria com o fato de as percepções e premonições de Nietzsche, no seu dizer, muitas vezes convergirem com os resultados de longos processos de psicanálise.

Em seu primeiro livro, *O nascimento da tragédia* (1872), Nietzsche compara valores "apolíneos" e "dionisíacos" na Grécia antiga — ordem e razão *versus* instintos básicos —, lamentando o fato de a importância destes últimos ter sido negligenciada e vendo muitos motivos de admiração nas qualidades heroicas dos guerreiros de Homero.

Seguiram-se ensaios e livros de aforismos, nos quais Nietzsche identifica o medo e a luta por poder como fatores centrais da motivação: a "vontade de poder", afirma, é o impulso humano fundamental. Em *Assim falou Zaratustra* (1883) e *Além do bem e do mal* (1886), propõe uma nova moral de afirmação da vida, com base na confiança da autoafirmação. A vontade de poder se corporifica no *Übermensch* ("super-homem"), suficientemente forte para romper com a moral convencional, controlar as próprias paixões e direcionar suas energias para a criatividade: essa é a "moral do senhor". Em vez de esperar uma imaginária vida após a morte, o super-homem vive plenamente o aqui e agora.

CAPÍTULO OITO: CHEGANDO AO SÉCULO XIX   159

O conceito de *vontade de poder* (ou *vontade de potência*) caminhava de mãos dadas com a virulenta oposição de Nietzsche ao cristianismo, que não passava de uma negação das paixões de afirmação da vida. O cristianismo promovia os fracos e oprimidos, estimulando uma "moral do escravo" que não tinha lugar no seu admirável mundo novo. Para o *filósofo explosivo* ("Eu não sou um homem, sou dinamite", escreveu em sua autobiografia), os avanços da ciência e do pensamento secular tinham minado a religião — na verdade, haviam-na aniquilado: "Deus está morto", proclamara ele. Agora que se eliminara a perspectiva universal representada por Deus, cada um seguiria as próprias regras, baseando-se a ética na existência humana, e não na revelação divina.

Nietzsche temia que a Europa afundasse no niilismo sem uma nova moral. Rejeitava a democracia, os valores "burgueses" e a ética utilitarista — igualmente coisas de escravos. A felicidade e o "bem supremo" eram metas insignificantes, desprovidas das qualidades de afirmação da vida características dos senhores: poder, riqueza, força e saúde — *coisas* que, todas elas, faltavam a Nietzsche no fim da vida. E não seria nada bom para sua reputação quando os nazistas integraram o seu "super-homem" à própria ideologia de uma raça superior.

CAPÍTULO NOVE

Os Contemporâneos

Nem deveria ser necessário voltar a falar de guerras, mas todo aquele nacionalismo que começou a se manifestar na Europa no século XIX só poderia mesmo acabar em lágrimas. A Primeira Guerra Mundial varreu de vez as certezas da era vitoriana, e suas consequências políticas alteraram significativamente o mapa da Europa. Os desdobramentos econômicos, tanto nos Estados Unidos quanto na Europa, seguiriam um padrão de alternância entre euforia e colapso — ainda tão familiar aos nossos dias atuais —, ao mesmo tempo contribuindo para o irromper da Segunda Guerra Mundial, com todos os horrores que acarretou.

No mundo da filosofia, outra guerra foi declarada, com o estabelecimento de uma fronteira entre a escola anglo-americana (ou analítica) e a europeia continental. No primeiro campo se encontravam filósofos como Russell, Moore e Wittgenstein, recorrendo à lógica matemática e à análise linguística para isolar e tratar questões filosóficas bem delimitadas. Alinhados contra eles estavam autores como Heidegger, Sartre, Foucault e Derrida, que consideravam a filosofia inseparável do seu contexto histórico, desenvolvendo suas teorias do existencialismo, do estruturalismo e do pós-estruturalismo, que pareciam extremamente obscuras ao *establishment* analítico.

Naturalmente, verifica-se hoje que era uma guerra de mentirinha, com coincidência de muitas ideias entre os dois campos, mas o fato é que, em termos gerais, as distinções fazem sentido.

BERTRAND RUSSELL

(1872 — 1970)

SÁBIAS PALAVRAS

"Encarada como deve ser, a matemática possui não apenas verdade, mas suprema beleza — uma beleza fria e austera, como a de uma escultura."

O estudo da matemática

Nascido em Trelleck, condado de Monmouthshire, País de Gales, filho de uma família aristocrática, Bertrand Russell ficou órfão aos quatro anos e foi criado pela avó, viúva do estadista liberal Lorde John Russell, primeiro conde de Russell (Bertrand acabaria herdando o título e se tornou o terceiro conde de Russell, em 1931). Educado em casa, estudou línguas modernas, economia, história constitucional, matemática e ciência — em vez de grego e latim, como seria de esperar no seu meio social —, tendo assim lançadas as bases de uma ampla gama de interesses intelectuais.

Em 1890, começou a frequentar o Trinity College, em Cambridge, para estudar matemática, mas logo pediu transferência para a cadeira de filosofia em 1893, formando-se com louvor já no ano seguinte.

Em 1895, pouco depois de se casar, tornou-se pesquisador (*fellow*). Ao voltar da lua de mel em Berlim, escreveu *German Social Democracy* (1896), uma análise política que seria o primeiro dos seus muitos livros. Mais ou menos na mesma época, teve contato com o trabalho de um grupo de matemáticos alemães que, analisando os conceitos fundamentais da matemática, tentavam dotá-la de fundamentos logicamente coerentes. Para Russell, essas ideias eram importantes não só para a matemática, como também para a filosofia: se a verdade matemática pode ser provada objetivamente, por que não o mesmo para o conhecimento humano?

Renegando a filosofia idealista hegeliana que até então abraçara, com sua busca por sistemas abrangentes (pág. 138), Russell se voltou para a análise lógica profunda. Em *Os princípios da matemática* (1903), ele sustentava que a matemática deveria ser tratada como um subconjunto da lógica, ao passo que os três volumes dos *Principia Mathematica* (1910-13), escritos em colaboração com Alfred N. Whitehead, reforçavam a ideia da derivação

CAPÍTULO NOVE: OS CONTEMPORÂNEOS 163

lógica da matemática, com novas análises filosóficas demonstrando de que maneira a linguagem do cotidiano e a gramática nem sempre eram capazes de transmitir — por não serem claras o bastante — formas lógicas verdadeiras. Nesta eram desenvolvidas ideias de um ensaio anterior, "Da denotação" (1905), no qual Russell chamava a atenção para os problemas filosóficos gerados pelo caráter escorregadio da linguagem no que concerne à designação e descrição de objetos: como seria possível falar de forma que faça sentido acerca de coisas não existentes (Russell dá como exemplo "o atual rei da França") ou mesmo sobre coisas que não poderiam existir ("o quadrado redondo", como na frase "o quadrado redondo é uma contradição")?

Sua resposta era manter tudo o mais simples possível — à maneira de Guilherme de Ockham (pág. 86) —, submetendo o significado das palavras e a forma como são usadas ao mesmo tipo de análise rigorosa que seria usado nos conceitos matemáticos. Essa abordagem analítica (Russell foi um dos fundadores da filosofia analítica) dava as costas à busca de sistemas metafísicos grandiosos, voltando-se para o estudo da linguística e do positivismo lógico, para não mencionar o atomismo (págs. 194 e 191).

Russell ficou conhecido por sua capacidade de transmitir ideias complexas ao público em geral: seus livros sobre temas como ciência, política, ética e teoria pedagógica, além de matemática e filosofia, foram lançados com tiragens que, mesmo hoje em dia, nenhum autor desse calibre sequer sonharia. A sua *História da filosofia ocidental*, publicada em 1945, nunca mais deixou de ser editada.

Entusiasta da comunicação, Russell participou de muitas transmissões radiofônicas da BBC nas décadas de 1940 e 1950, e, em 1950, ganhou o Prêmio Nobel de literatura.

Durante quase toda a sua trajetória, foi um ativo militante político, retornando ao País de Gales somente no fim da vida.

UM ANIMAL POLÍTICO

Bertrand Russell não obteve êxito na eleição parlamentar complementar de maio de 1907 em Wimbledon, como candidato da União Nacional pelo Sufrágio Feminino. Três anos depois, foi convidado a representar os liberais em Bedford, mas não aceitou. Em 1922, candidatou-se pelo Partido Trabalhista, porém, mais uma vez, não conseguiu um assento no Parlamento. Pacifista militante durante a Primeira Guerra Mundial, Russell foi preso em 1918 por causa de suas convicções. Depois da Segunda Guerra Mundial, pronunciou-se reiteradamente pelo desarmamento nuclear, desempenhando papel de destaque na Campanha pelo Desarmamento Nuclear em 1961, quando, já quase contando 90 anos de idade, foi preso por participar de um protesto em Whitehall, sede das mais importantes instituições governamentais da Inglaterra.

GEORGE EDWARD MOORE
(1873 — 1958)

SÁBIAS PALAVRAS

"Todas as leis morais [...] não passam de afirmações de que certos tipos de atos terão bons efeitos."
Principia Ethica

Nascido em Londres, G.E. Moore, como é mais conhecido nos países de língua inglesa, estudou no Dulwich College e mais tarde no Trinity College, em Cambridge. Inicialmente dedicou-se às letras clássicas, mas, ao fazer amizade com Bertrand Russell (pág. 161), acabou optando pela filosofia. Depois de se formar, passou algum tempo estudando por conta própria, até voltar a Cambridge, em 1911, para lecionar filosofia. Foi professor de lógica e filosofia da mente de 1925 a 1939, quando veio a ser sucedido por Ludwig Wittgenstein (pág. 170). Moore também editou a influente revista de filosofia *Mind*, de 1921 a 1944.

Como afirma em seu livro autobiográfico, *The Philosophy of G.E. Moore* (1942), ele ficou confuso no início da carreira, não tanto com o mundo ou a ciência em si, mas com o que os outros filósofos diziam a respeito do assunto. Assim como Russell, Moore chegou à conclusão de que não teria como sustentar seu fascínio inicial pelo idealismo hegeliano, que para ele não fazia mais sentido, evoluindo assim para uma abordagem mais simples e analítica. Foi o que expôs inicialmente em seu artigo "A refutação do idealismo", publicado na *Mind* no ano 1903, e mais adiante em obras como *A Defence of Common Sense* (1925) e *Proof of an External World* (1939). Moore partia do princípio de que nenhuma pessoa de bom senso negaria a existência de uma abrangente gama de crenças comuns a respeito do mundo, as quais podiam ser expressas como proposições objetivas de significado não só perfeitamente claro como palpavelmente verdadeiro.

Tudo isto significava, na opinião de Moore, que os filósofos até então deviam estar equivocados sobre a natureza da filosofia ou a maneira como a abordavam. Por que tanto se afligiam com problemas de significado, que na verdade não existiam, ou com a verdade das proposições, que igualmente estavam além de qualquer dúvida? Segundo ele, desse modo restava apenas uma coisa para os filósofos: analisar essas proposições objetivas para extrair seu sentido.

Já em *Principia Ethica*, Moore examina o que ficou conhecido como falácia naturalista — a confusão entre atribuição natural e definição moral — com o objetivo de analisar a questão moral fundamental "O que é o bem?". Segundo o filósofo, não se pode definir o que é "bom" em termos, digamos, de felicidade, pois assim se está apenas levantando uma outra questão: "A felicidade é sempre boa?". Outras propriedades podem ser atribuídas a "bom", mas, também elas, servem apenas para ilustrar,

CAPÍTULO NOVE: OS CONTEMPORÂNEOS

e não definir o conceito. Moore chega à conclusão de que o bem é uma qualidade simples e não suscetível de análise, podendo ser conhecido tão somente por meio da intuição. O melhor a fazer é perguntar *o que* é bom, e já aqui ele não hesitava em responder: a amizade e a experiência estética. Não surpreende, assim, que ele fosse tão popular no Grupo de Bloomsbury.

LIGADO EM BLOOMSBURY

Quando estudavam no Trinity College, Russell e Moore entraram para o seleto grupo de estudos Os Apóstolos de Cambridge. Entre os membros estavam Roger Fry, John Maynard Keynes, E.M. Forster e Lytton Strachey, que viriam a desempenhar um papel importante no Grupo de Bloomsbury. Esse famoso grupo de intelectuais, do qual também faziam parte Clive e Vanessa Bell, e Virginia Woolf, reuniu-se regularmente em Bloomsbury, no Centro de Londres, aproximadamente entre 1905 e 1930. Fry ficou mais conhecido como crítico de arte, Keynes como economista, Forster como romancista e Strachey como biógrafo e crítico literário. Os debates — por sinal acaloradíssimos — sobre questões estéticas e filosóficas, para não falar do comportamento pessoal, foram fortemente influenciados pelos *Principia Ethica* (1903) de Moore e os *Principia Mathematica* (1910-13) de Whitehead

> e Russell, que os levaram a formular suas próprias definições do bom, do verdadeiro e do belo, contestando as convenções — leia-se as restrições artísticas, sociais e sexuais — da sociedade vitoriana.

MARTIN HEIDEGGER
(1889 — 1976)

SÁBIAS PALAVRAS

"O que mais instiga o pensamento nestes tempos que instigam a pensar é que ainda não estamos pensando."
O que significa pensar?

Nascido em Messkirch, Alemanha, filho de um sacristão católico, Martin Heidegger entrou para a ordem dos jesuítas como noviço depois de concluir seus estudos, mas abandonou a ideia um mês depois. Foi então para a Universidade de Freiburg estudar teologia, optando mais tarde pela filosofia. Lá, começou a dar aulas de filosofia em 1915, sendo nomeado professor em Marburg oito anos depois e por fim voltando a Freiburg como catedrático em 1928. Em 1933, tornou-se reitor, entrando para o Partido Nacional-Socialista (Nazista) pouco depois, e, em seu discurso inaugural, "O Papel da Universidade no Novo Reich", manifestou apoio a Hitler e seus objetivos — a primeira coisa que as pessoas tendem a lembrar.

CAPÍTULO NOVE: OS CONTEMPORÂNEOS   169

Sua obra mais importante, *Ser e tempo* (1927) — que ficou inacabada, e segundo alguns seria mesmo impossível de concluir —, introduz o tema que ressoaria em boa parte dos seus escritos posteriores: a "questão do ser" (*Seinsfrage*). Em vez de simplesmente aceitar o que significa para alguém "ser", Heidegger achava necessário destrinçar os modelos metafísicos empregados pelos filósofos a partir de Aristóteles. Do seu ponto de vista, a metafísica não revela nada a respeito da verdadeira natureza do que é ser; o que existe apenas, na verdade, é a consciência que cada um tem do próprio lugar no mundo, ou do que o mundo representa para si (seu ser-aí, ou *Dasein*). É onde entra o aspecto temporal contido no título. Como a vida é finita, os humanos, para viver de maneira autêntica, precisam estar constantemente conscientes da inevitabilidade da própria morte. Têm liberdade para escolher seus atos e focar sua energia no mundo onde nasceram: as possibilidades não cessam até a morte.

Heidegger se preocupava com a impressão de que a tecnologia moderna estava afastando as pessoas do que chamava de "estar em casa e abrigo" do ser, tornando a vida "inautêntica" de um modo que não se aplicava a seus antepassados mais primitivos, que viviam em feliz comunhão com a natureza.

Tudo isso abre caminho para alguns dos principais temas da história e também do pensamento no século XX: liberdade individual, o lugar de cada um no mundo, autenticidade, angústia, culpa e destino. A Segunda

Guerra Mundial já despontava no horizonte, enquanto existencialistas como Jean-Paul Sartre (pág. 179) e desconstrucionistas como Jacques Derrida (pág. 188) aguardavam para entrar em cena.

LUDWIG WITTGENSTEIN

(1889 — 1951)

SÁBIAS PALAVRAS

"Sobre o que não se pode falar, deve-se calar."
Tractatus Logico-Philosophicus

Caçula de oito irmãos, Ludwig Wittgenstein nasceu em Viena, Áustria, numa família rica e culta. O pai era um industrial de enorme sucesso, grande amante da música e colecionador de arte. Wittgenstein estava fadado a representar o lado prático da família. Entre 1906 e 1908, estudou engenharia mecânica em Berlim. Seguiu então para a Universidade de Manchester, onde ficou fascinado pela matemática, e assim se transferiu para Cambridge em 1911, para estudar lógica matemática com Bertrand Russell (pág. 161). Passados dois anos, Russell declarou que já não tinha mais o que ensinar a Wittgenstein. Enquanto o interesse de Russell era revelar os fundamentos lógicos da matemática, Wittgenstein queria entender as bases da própria lógica. No início da Primeira Guerra Mundial, ele entrou para o exército austríaco, mas, nos

CAPÍTULO NOVE: OS CONTEMPORÂNEOS

quatro anos subsequentes, trabalhou naquele que viria a se tornar o *Tractatus Logico-Philosophicus* (1922), o único livro que publicou em vida.

Num prefácio escrito em 1918, afirmou sem rodeios: "Creio, portanto, ter encontrado, em todos os pontos essenciais, a solução final para os problemas" — referindo-se aos problemas da filosofia. Era tudo uma questão de linguagem — mais especificamente, da sua natureza e limitações.

O mundo é composto de fatos "atômicos" distintos, a partir dos quais podem ser construídos fatos maiores. A linguagem, que tem como objetivo afirmar os fatos, também é constituída de proposições "atômicas", a partir das quais podem ser construídas proposições maiores. Juntos, linguagem e pensamento criam uma imagem do estado de coisas a que se referem. Para ter significado, a linguagem deve abranger proposições que sejam imagens dos fatos de que o mundo é composto; ela deve remeter ao real. O que torna literalmente sem sentido boa parte da filosofia especulativa, para não falar dos juízos de valor. E se os limites da linguagem são também os limites do pensamento... bem, voltemos às *sábias palavras* no início do verbete. Tendo concebido esse esquema logicamente coerente, graças ao qual ninguém mais precisava ficar dizendo bobagens (*nonsense*), Wittgenstein sentiu que tinha chegado ao fim da linha com a filosofia e saiu em busca de uma nova carreira. Mas, na verdade, tratava-se apenas do fim da primeira fase da filosofia.

Wittgenstein herdara uma fortuna à morte do pai em 1913, e agora resolvia abrir mão dela, optando a partir dos anos 1920 por uma vida como professor no interior da Áustria. Como a experiência não deu certo, voltou-se para a arquitetura, construindo uma casa para uma das suas irmãs, em Viena. Na capital austríaca, conheceu, em 1929, os membros do Círculo de Viena (pág. 173), ocupados em desenvolver as ideias do *Tractatus* e transformá-las nos rigorosos princípios do positivismo lógico. Essa atividade deve ter convencido Wittgenstein de que ainda havia desafios a enfrentar na filosofia, pois ele retornou a Cambridge nesse mesmo ano, primeiro como pesquisador no Trinity College e mais tarde, entre 1939 e 1947, como professor de filosofia. Foi quando seu trabalho tomou novo rumo, sintetizado nas *Investigações filosóficas* (1953), que parece renegar a maior parte do que constava no *Tractatus*.

Nessa última obra, Wittgenstein não enxerga mais a linguagem como um sistema estático e lógico; ela passa a ser um meio de comunicação e promoção das funções sociais no mundo real, e portanto algo que varia de acordo com o contexto. Ele identifica o que chama de "jogos de linguagem" — diferentes tipos de linguagem com diferentes usos —, cada um com suas próprias regras, mas formando um conjunto de ferramentas para os filósofos. A clareza só pode ser alcançada pelo reconhecimento dessa diversidade. Para Wittgenstein, no fim das contas, o objetivo parece ser o emprego da linguagem para desatar os nós linguísticos atados pelos filósofos, assim descartando os problemas sem precisar resolvê-los.

O CÍRCULO DE VIENA

Os integrantes desse grupo de acadêmicos da
Universidade de Viena ficaram conhecidos nas
décadas de 1920 e 1930 como positivistas
lógicos — ou empiristas lógicos —, pois o interesse
pelas ciências e pela matemática os levou
a identificar a lógica matemática como a melhor
maneira de lidar com os problemas filosóficos.
O *Tractatus Logico-Philosophicus* de Wittgenstein teve
enorme influência, embora ele não participasse do
grupo. Em 1929, eles divulgaram um panfleto
expondo seus princípios básicos: o conhecimento
deriva da experiência (a parte positivista/empirista)
e os problemas filosóficos devem ser esclarecidos
antes de ser enfrentados (o que é lógico), sendo
descartadas por irrelevância as proposições que
não possam ser comprovadas (fim dos debates
sobre ética, religião e estética). A influência
do grupo logo ultrapassaria os limites do
mundo de fala alemã, mas em poucos anos
eles se viram obrigados a se dispersar por causa
da hostilidade nazista e do início da guerra.

GILBERT RYLE

(1900 — 1976)

SÁBIAS PALAVRAS

"o dogma do fantasma na máquina [referindo-se ao dualismo cartesiano]."
The Concept of Mind

Nascido na cidade inglesa de Brighton, Gilbert Ryle estudou em Oxford e lá começou a lecionar filosofia em 1924. Depois de trabalhar no serviço de inteligência durante a Segunda Guerra Mundial, voltou a Oxford em 1945 para lecionar filosofia metafísica no Magdalen College, função na qual permaneceu até se aposentar, em 1968. Entre os anos 1947 e 1971, seguindo os passos de G.E. Moore (pág. 165), também foi editor da *Mind*.

Defensor da análise linguística, como representante da escola filosófica da "linguagem comum", Ryle considerava que sua missão como filósofo era arrancar pela raiz "as causas das concepções errôneas e recorrentes das teorias absurdas nas expressões idiomáticas". Do seu ponto de vista, surgiam erros e confusão na filosofia quando expressões que nitidamente pertenciam a uma categoria lógica eram tratadas como se pertencessem a outra: o que ele costumava chamar de erros de categoria. O exemplo mais frequentemente citado é extraído da sua

CAPÍTULO NOVE: OS CONTEMPORÂNEOS

principal obra, *The Concept of Mind* (1949): "Ela chegou em casa num mar de lágrimas e numa liteira." Embora seja uma frase perfeitamente construída do ponto de vista sintático, também é absurda por tratar um estado mental e um objeto material como se fossem a mesma coisa. A ideia de Ryle é que, assim levando as expressões ao limite do absurdo, é possível expor os problemas filosóficos e lidar com eles.

É o método que ele emprega no mesmo livro para derrubar o que chama de "doutrina oficial" da filosofia: o dualismo cartesiano (págs. 101-2) — a separação entre corpo e mente. Para Ryle, era esta a mãe de todos os erros de categoria, decorrendo do fato de que Descartes não tinha nosso conhecimento sobre biologia. Ryle não vê motivo lógico algum para se encarar a mente como uma espécie de entidade fantasmagórica anexada ao corpo humano, que se admite existir no espaço e está sujeito às leis da física. Pelo contrário, conceitos mentais, como emoções, sensações, autoconhecimento, imaginação e intelecto, devem ser encarados como disposições humanas inatas para o comportamento de determinadas maneiras em certas circunstâncias — em outras palavras, não existe uma divisão entre mente e corpo.

Ao longo de sua carreira, Ryle escreveu muito e não só sobre filosofia da linguagem, mas também sobre epistemologia (o estudo do conhecimento) e história da filosofia, e foi sua influência que contribuiu para situar Oxford no centro dos estudos filosóficos no Reino Unido do pós-guerra.

KARL POPPER

(1902 — 1994)

SÁBIAS PALAVRAS

"... é muito difícil aprender com erros muito grandes."
A sociedade aberta e seus inimigos

Karl Popper nasceu numa família abastada de Viena, a capital do Império Austro-Húngaro, e frequentou a universidade em 1918. Abraçou o marxismo por breve período, mas resistindo à camisa de força para ele representada pelo materialismo histórico. Ao se formar em 1922, o império fora desmembrado como consequência da Primeira Guerra Mundial, e sua família perdera todas as posses. Viena, contudo, continuava sendo um importante centro intelectual, e por lá viviam os psiquiatras Sigmund Freud e Alfred Adler, além dos positivistas lógicos do Círculo de Viena (pág. 173), cujo interesse pelas ciências da natureza era compartilhado por Popper. Trabalhou como professor do ensino médio a partir de 1930, mas, em 1937, emigrou para a Nova Zelândia, preocupado com a perspectiva de uma ocupação nazista. Deu aulas de filosofia no Canterbury University College, em Christchurch, até 1945, quando se transferiu para a London School of Economics. Em Londres, lecionou lógica e método científico, de 1949 a 1969.

CAPÍTULO NOVE: OS CONTEMPORÂNEOS

Os principais interesses de Popper eram a filosofia da ciência e a filosofia política. Embora estivesse ligado ao Círculo de Viena, seus primeiros trabalhos sustentam que os problemas filosóficos não podem ser atacados por meio de uma análise da linguagem ou do significado; tampouco considera a ciência mais passível de comprovação do que a metafísica. Em *A lógica da pesquisa científica* (1934), Popper contesta a ideia de que a ciência seja um processo de indução no qual as teorias resultam de observações reiteradas e são comprovadas pela experimentação. Além disso, afirma ser, na verdade, impossível comprovar uma teoria científica, pois, por mais que se observe, não é possível demonstrar acima de qualquer dúvida que uma hipótese é verdadeira, ao passo que uma observação rápida pode bastar para refutá-la. O critério está na falseabilidade (possibilidade de refutação).

Popper faz distinção entre ciência, que gera teorias que conduzem a previsões empíricas suscetíveis de serem descartadas quando a experimentação fracassa, e não ciência. As teorias de Freud, Adler e Marx se encaixam nesta última categoria, pois a psiquiatria não é capaz de gerar previsões empíricas e o marxismo nunca se deixa entravar pela refutação baseada na observação. É com a verdadeira ciência — por exemplo, as teorias de Einstein — que as hipóteses podem ser refutadas quando desmentidas por uma única observação. A eliminação das teorias falsas nos deixa diante de um único conhecimento científico objetivo, que corresponde à verdade.

Quanto à filosofia política de Popper, em *A sociedade aberta e seus inimigos* (1945) e *A miséria do historicismo* (1957), ele contesta a ideia de que a história possua desfechos inevitáveis, afirmando que se trata simplesmente de mais uma afirmativa não suscetível de comprovação científica para justificar atos de fanáticos e opressores — indo de encontro, nesse sentido, aos pontos de vista de Platão, Hegel e Marx (págs. 37, 138 e 150). Segundo ele, a história sempre será afetada por descobertas futuras que ninguém poderia prever, e os atos políticos, por mais bem-intencionados, sempre terão consequências imprevisíveis. Popper então faz uma sincera exortação à construção de sociedades abertas e democráticas que se submetam a suaves processos de "engenharia social", se e quando necessário.

O ATIÇADOR DE WITTGENSTEIN*

Em 1946, Karl Popper fez uma conferência no Clube de Ciência Moral da Universidade de Cambridge, intitulada "Existem problemas filosóficos?". Sua tese de que de fato existem irritou, pelo menos, um membro da plateia, Ludwig Wittgenstein (pág. 170), para quem a filosofia não tinha o direito de se envolver com tais

---

* Para aprofundamento, indicamos o livro *O atiçador de Wittgenstein*, David Edmondes e John Eidinow, DIFEL, 2003. (N.E.)

indagações, sendo apenas uma questão de linguagem. Durante uns dez minutos a discussão entre os dois foi apenas verbal, até que Wittgenstein lançou mão de um atiçador de fogo e começou a brandi-lo. Segundo a versão de Popper, o confronto acabou quando Wittgenstein pediu um exemplo de regra moral e Popper se saiu com este: "Não ameaçar conferencistas convidados com atiçadores" — quando então Wittgenstein largou o perfurante objeto e se retirou. Naturalmente, é apenas a versão de Popper...

JEAN-PAUL SARTRE

(1905 — 1980)

SÁBIAS PALAVRAS

"Condenado a ser livre, o homem carrega o peso do mundo nos ombros; ele é responsável pelo mundo e por si mesmo enquanto maneira de ser."

O ser e o nada

Nascido e educado em Paris, onde frequentou a prestigiosa École Normale Supérieure — como também fariam Foucault e Derrida (págs. 184 e 188) —, Jean-Paul Sartre começou a lecionar filosofia em Le Havre (1931). Tendo recebido uma bolsa para estudar no Instituto

Francês de Berlim, ele passou os anos de 1934 e 1935 se aprofundando na obra dos filósofos alemães contemporâneos, especialmente Heidegger (pág. 168). Ao voltar à França, lecionou em Le Havre, Laon e Paris, e também publicou seu primeiro romance, *A náusea* (1938). Recrutado no início da Segunda Guerra Mundial, foi capturado pelos nazistas em junho de 1940 e enviado para um campo de prisioneiros de guerra. Não sendo do tipo de se deixar abater, dava aulas aos companheiros presos sobre a obra de Heidegger. Depois de ser libertado na primavera de 1941, voltou a lecionar em Paris pelo resto da guerra, militando também na Resistência Francesa. Encerradas as hostilidades, Sartre abandonou a vida acadêmica para se dedicar a escrever para o público em geral e se engajar politicamente.

Sartre é sinônimo de existencialismo, cujos princípios definiu em suas obras filosóficas, exemplificou em suas peças e seus romances, e vivenciou até o fim da vida. O seguinte trecho de sua conferência "O existencialismo é um humanismo", de 1946, merece ser reproduzido na íntegra: "O existencialismo ateu, do qual sou um representante, declara [...] que, se Deus não existe, há pelo menos um ser cuja existência precede sua essência, um ser que existe antes de poder ser definido por qualquer concepção a seu respeito. Esse ser é o homem, ou, como atesta Heidegger, a realidade humana. O que significa dizer (ao afirmar) que a existência precede a essência? Significa que o homem, antes de mais nada, existe, se encontra, se manifesta no mundo — e só depois se

CAPÍTULO NOVE: OS CONTEMPORÂNEOS

181

define. Se o homem não é definível, tal como o entende o existencialista, é porque, para começo de conversa, ele nada é. Ele só será depois, e então será aquilo que fizer de si mesmo. Desse modo, não existe natureza humana, pois não existe Deus para concebê-la. O homem apenas é [...] Este é o primeiro princípio do existencialismo."

Em seu livro anterior, *O ser e o nada* (1943), Sartre já havia explorado o problema que está no cerne do existencialismo: se estamos todos, em última análise, sozinhos, cada um responsável pelo que faz de si mesmo — "condenado a ser livre" —, como podemos nos relacionar com as outras pessoas e as coisas no mundo? Ele via duas alternativas. Ou bem aceitamos passivamente o *status quo*, comportando-nos como meros objetos, ou então desafiamos a situação atual, aspirando a algo melhor. O que, no entanto, apenas leva a outra pergunta: num mundo em que só devemos lealdade a nós mesmos, como será possível a ação moral ou o engajamento político?

Sartre tenta responder em peças, como *Entre quatro paredes* (1944), e romances, como a trilogia *Os caminhos da liberdade* (1945-49). Como deixa claro em *Que é a literatura?* (1947), ele não escrevia por escrever, numa simples descrição de personagens e situações, encarando a atividade, isto sim, como uma maneira de tratar de questões ligadas à liberdade humana. A literatura deve ser engajada, pois a criação artística é uma atividade moral. Isto significa que os escritores têm o dever de participar das questões sociais e políticas, o que explica o envolvimento de Sartre com o marxismo e mais adiante com a Nova Esquerda radical na França.

A.J. AYER

(1910 — 1989)

SÁBIAS PALAVRAS

"O critério que usamos para testar a legitimidade de aparentes afirmações factuais é o critério da possibilidade de comprovação (verificabilidade)."

Linguagem, verdade e lógica

Nascido em Londres e educado em Eton e Oxford, Alfred Jules Ayer foi aluno de Gilbert Ryle (pág. 174). Trabalhou no serviço de inteligência durante a Segunda Guerra Mundial e, em 1946, depois de um período como adido na embaixada britânica em Paris, tornou-se professor de filosofia da mente e de lógica no University College, em Londres, cargo que ele exerceu até 1959. Neste ano, mudou-se para Oxford, onde foi nomeado professor de lógica.

Na década de 1930, Ayer participou de reuniões do Círculo de Viena (pág. 173), e, em seu primeiro livro, *Linguagem, verdade e lógica* (1936), ele expõe a versão inglesa clássica do positivismo lógico. Deixa claro que existem apenas dois tipos de conhecimento: o que pode ser empiricamente comprovado (que pode ser testado pela observação) e o analítico (que é verdadeiro por definição, de acordo com regras linguísticas).

CAPÍTULO NOVE: OS CONTEMPORÂNEOS 183

As afirmações científicas e as afirmações sobre fatos do cotidiano são exemplos do primeiro tipo, ao passo que as afirmações matemáticas e de lógica exemplificam o segundo. Ayer leva a argumentação mais adiante, dizendo que, se uma proposição não se encaixa em *nenhum dos dois* campos, é por ser destituída de significado, resumindo-se a meras expressões de opinião pessoal. Em tal categoria, ele enquadra afirmações religiosas e metafísicas, como "Deus existe" — e, também, "Deus não existe" —, assim como a ideia de que existe no mundo um reino das coisas, para além dos fenômenos.

Em *O problema do conhecimento* (1956) e também nas Conferências Gifford de 1972-73, proferidas na Universidade de St. Andrews e publicadas sob o título *As questões centrais da filosofia* (1973), Ayer reitera a ideia de que o papel do filósofo é se valer da lógica para esclarecer os conceitos básicos da ciência, e não formular esquemas — sejam baseados na metafísica ou na teologia — expondo profundas percepções sobre como as coisas realmente são.

A.J. AYER NOCAUTEIA MIKE TYSON

Segundo Ben Rogers, em sua biografia de Ayer, publicada em 1989, cerca de dois anos antes o filósofo foi a uma festa em Nova York, promovida pelo estilista Fernando Sánchez. A certa altura, uma mulher pediu socorro porque sua amiga estava sendo agredida; Ayer acorreu e se deparou com o boxeador Mike Tyson importunando a jovem Naomi Campbell, então no início da carreira de modelo. Ayer imediatamente ordenou que Tyson parasse, mas o pugilista simplesmente o ignorou, dizendo: "Por acaso sabe com quem está falando? Eu sou o campeão mundial do peso pesado." E Ayer retrucou: "E eu sou o ex-titular da Cátedra Wykeham de lógica. Somos ambos importantes, cada um no seu campo; sugiro que conversemos sobre isso como homens racionais." E foi o que fizeram, enquanto Naomi Campbell tratava de dar o fora o mais rápido possível.

MICHEL FOUCAULT

(1926 — 1984)

SÁBIAS PALAVRAS

"O que é a filosofia hoje [...] senão o trabalho crítico do pensamento sobre o próprio pensamento?"
História da sexualidade, vol. 2: O uso dos prazeres

Nascido e criado em Poitiers, Michel Foucault foi para Paris depois da Segunda Guerra Mundial, frequentando a École Normale Supérieure. Além de estudar filosofia, desenvolveu grande interesse pela psicologia após uma fase em depressão profunda, dando aulas da disciplina por um breve período na Universidade de Lille. Tendo

CAPÍTULO NOVE: OS CONTEMPORÂNEOS

185

passado algum tempo no exterior, voltou à França e começou a lecionar filosofia, primeiramente em Clermont--Ferrand e depois em Vincennes, até se tornar professor catedrático de história dos sistemas de pensamento no Collège de France, em Paris, no ano 1970.

Foucault se valeu do seu interesse por história, filosofia, psicologia e linguística para analisar a relação entre a história geral e a história das ideias. Ele não entendia por que a história era tratada como um processo unificado capaz de revelar verdades objetivas ou lições de aplicação universal, considerando-se que o conhecimento disponível em qualquer período histórico está obrigatoriamente condicionado por normas sociais existentes, formas de expressão cultural, maneiras como a linguagem é utilizada e pelas filosofias dominantes na época: em outras palavras, por sistemas de pensamento. Deste ponto de vista, fica claro que o que é considerado "normal" para os seres humanos é algo fluido, determinado por fatores diferentes em diferentes épocas.

Para identificar os conceitos subjacentes a esses sistemas de pensamento, Foucault adotou uma abordagem que chamava de "arqueológica". Escolhendo períodos históricos específicos como objeto de estudo, deteve-se em áreas muitas vezes ignoradas — psiquiatria, medicina, sistemas punitivos, comportamento sexual — para revelar as condições que tornam possíveis certas práticas, instituições e teorias.

Do seu ponto de vista, tudo se resumia a uma questão de poder, que podia ser analisado pelo prisma daqueles que a sociedade decide excluir: os loucos, os condenados, os pervertidos sexuais. Em *História da loucura* (1961), afirma que a "razão" iluminista encaixotou a loucura e a isolou no hospício, ao passo que *O nascimento da clínica* (1963) enquadra o conhecimento médico de maneira semelhante. Fatores considerados como avanços progressistas e humanitários no tratamento não passavam de aspectos do controle social e político. Investigando as prisões, *Vigiar e punir* (1975) demonstra que o significado da punição pode mudar com o tempo, enquanto *A vontade de saber* (1976), o primeiro de seis volumes da coletânea *História da sexualidade* (apenas três acabaram sendo publicados), discute o caráter central da identidade sexual de cada um.

Foucault não está querendo dizer que poder e liberdade são incompatíveis, ou que o poder seja automaticamente algo ruim — trata-se simplesmente de um fato da vida. Mas a ideia de que a liberdade é algo objetivo que pode ser protegido pelo Estado é uma falácia, como deixam claro seus estudos de história. Da mesma forma, a afirmação de que a verdade pode ser encontrada por meio da busca da racionalidade é apenas outra invenção histórica. A busca da verdade, em especial a verdade sobre nós mesmos, continua válida, mas não há respostas simples. O papel da filosofia é nos ajudar a pensar as respostas difíceis; em outras palavras, os pensamentos que ainda não foram articulados.

UM LINGUISTA SE MANIFESTA

Noam Chomsky, professor do MIT desde 1955, deu início a uma revolução na análise linguística, e com isto contribuiu para o grande debate racionalismo *versus* empirismo, que se prolongava havia três séculos, desde Descartes e Locke. Em seu livro *Estruturas sintáticas* (1957), contestava a ideia, então geralmente aceita, de que as crianças têm acesso ao uso da linguagem por meio da instrução e da experiência. Para Chomsky, a rapidez com que ela é dominada parece indicar uma predisposição inata para a linguagem nas crianças. Daí deduziu a existência de uma gramática universal não aprendida, com regras que podem ser imediatamente reconhecidas em qualquer idioma. No seu sistema, existem dois níveis de conhecimento linguístico: as estruturas profundas, que remetem à gramática universal compartilhada por todos os idiomas, e as estruturas superficiais, cobrindo palavras e sons específicos usados em determinada língua. No entender de Chomsky, nascemos todos com a linguagem impressa nos nossos circuitos, e a sua *Linguística cartesiana* (1966) reitera as implicações racionalistas — e, portanto, antiempíricas — dessa ideia.

JACQUES DERRIDA

(1930 — 2004)

SÁBIAS PALAVRAS

"Não há nada fora do texto."
Gramatologia

Nascido em Argel (Argélia), Jacques Derrida estudou na École Normale Supérieure (Paris) e lá deu aula durante vinte anos a partir de 1964, depois de um período como professor de filosofia na Sorbonne. Conhecido como fundador da desconstrução, sua obra inicialmente foi considerada relevante apenas no campo da crítica literária — em que os textos podem ser analisados independentemente das intenções dos autores —, mas seu propósito era de que a abordagem fosse aplicada à filosofia como um todo.

Três livros publicados em 1967, *A voz e o fenômeno*, *Gramatologia* e *A escritura e a diferença*, introduzem e expandem os conceitos básicos da desconstrução, centrados em teorias da significação, da indicação, da idealidade e do sentido ou significado em geral. Parafraseando o jargão, ele sustenta que os sistemas filosóficos anteriores eram construídos com base em oposições conceituais: por exemplo, interno *versus* externo, transcendental *versus* empírico, universal *versus* particular. Um dos termos sempre é privilegiado em relação ao outro, que vem

CAPÍTULO NOVE: OS CONTEMPORÂNEOS

a ser excluído. Analisando o que foi excluído, Derrida mostra que a preferência por um termo em detrimento do outro, na verdade, não tem fundamento, pois o que é privilegiado só tem significado por ser contrastado com o que é excluído; caso contrário, não tem importância significativa.

Para Derrida, não há nenhum grandioso sistema, não existem padrões genericamente aplicáveis de verdade no mundo exterior — tudo se resume a uma análise crítica do texto. E, ao enfatizar as possibilidades ilimitadas da interpretação — o que na prática significa a impossibilidade de uma interpretação definitiva —, ele chama a atenção para o fato de que as tentativas da filosofia ocidental de estabelecer certezas por meio do raciocínio sempre se basearam no duvidoso procedimento de promover certas interpretações e eliminar outras.

PRETENSIOSO QUEM... *MOI*?

As propostas de Derrida não foram universalmente bem aceitas nos círculos acadêmicos. Quando a Universidade de Cambridge quis fazê-lo doutor *honoris causa* em 1992, surgiram protestos de vários eminentes acadêmicos, alegando que a contribuição de Derrida "não passava muito de uma série de ataques semi-inteligíveis aos valores da razão, da verdade e da erudição". Por sua vez, Chomsky (pág. 187) o acusou de se valer de uma "retórica pretensiosa" para mascarar a simplicidade de suas ideias, e até Foucault (pág. 184) chegou a dizer que Derrida escrevia de maneira tão confusa que, na metade dos casos, não dava para acompanhar seu raciocínio, e, mesmo quando era possível, se fosse criticado, ele responderia acusando o crítico de ser burro demais para entender. Talvez seus críticos fossem mesmo burros demais para entender. Mas, de qualquer maneira, estavam em minoria, e Derrida acabou recebendo seu título de doutor *honoris causa*.

ALGUNS "ISMOS",
"LOGIAS" E "METAS"

Atomismo: *É possível entender as coisas quando as decompomos, para análise, em partes distintas e independentes.*

Conceitualismo: *Os conceitos abstratos existem, mas apenas na mente.*

Deísmo: *Crença na existência de um ser supremo ou criador que não interfere no universo (ver* **teísmo***).*

Deontologia: *Estudo da natureza do dever e da obrigação.*

Desconstrucionismo: *Análise da linguagem filosófica e literária por meio do estudo do funcionamento interno dos conceitos e da língua — vale dizer, das relações entre o significado e os pressupostos por trás das formas de expressão.*

Determinismo: *Todos os acontecimentos e atos são determinados, em última instância, por causas alheias à vontade.*

Dualismo: *Divisão em duas categorias ou elementos (ver* **monismo***).*

Emotivismo: *Os juízos de valor, especialmente os de caráter ético, expressam emoções, não representando fatos, na realidade.*

Empirismo: *Todo conhecimento se baseia na experiência derivada dos sentidos.*

Epistemologia: *Estudo do conhecimento, particularmente seus métodos, sua validade e seu alcance — "Como sabemos o que sabemos?".*

Estoicismo: *Doutrina filosófica fundamentada nas leis da natureza. O aspecto mais conhecido dessa escola de pensamento é sua perspectiva ética baseada na indiferença (ataraxia, em grego).*

Estruturalismo: *A cognição humana, os comportamentos, a cultura etc. podem ser analisados pelo exame dos contrastes entre elementos inter-relacionados num sistema conceitual.*

Existencialismo: *Existência do indivíduo como agente livre e responsável determinando seu próprio desenvolvimento por atos da vontade.*

Fenomenalismo: *O conhecimento humano se limita às aparências (fenômenos) que se apresentam aos sentidos, ou as aparências são a base do conhecimento.*

Fenomenologia: *Ciência dos fenômenos como distintos da natureza do ser; estudo da consciência e dos objetos da experiência direta.*

Funcionalismo: *As coisas não são nem mais nem menos que as funções que desempenham num sistema global.*

Humanismo: *Atribuir importância primordial às questões humanas, e não às divinas ou sobrenaturais.*

Idealismo: *Os objetos do conhecimento dependem da atividade da mente.*

ALGUNS "ISMOS", "LOGIAS" E "METAS"

Ideologia: *Sistema de ideias e ideais; conotações negativas na teoria marxista, segundo a qual a ideologia dominante é determinada pelas classes dominantes.*

Libertarismo: *Crença no livre-arbítrio, e não no determinismo (ver* **determinismo***).*

Materialismo: *Tudo que existe é material ou depende da matéria para sua existência.*

Materialismo dialético: *Concepção marxista segundo a qual os acontecimentos políticos e históricos resultam de conflitos sociais decorrentes de necessidades materiais, podendo ser encarados como uma série de contradições e suas resoluções.*

Metafilosofia: *Teoria da natureza da filosofia.*

Metafísica: *Ramo da filosofia voltado para os princípios fundamentais das coisas, entre eles conceitos abstratos, como ser e conhecimento.*

Modernismo: *Ideias ou estilos modernos empenhados em romper com formas tradicionais, e associados em particular ao fim do século XIX e início do século XX.*

Monismo: *Existe apenas uma substância ou mundo, e a realidade é uma (ver* **dualismo***).*

Naturalismo: *A natureza e as ciências naturais estão na origem de tudo, não havendo, portanto, necessidade de explicações sobrenaturais ou espirituais.*

Nominalismo: *Os conceitos universais ou abstratos são apenas nomes, sem qualquer realidade correspondente.*

Ontologia: *Ramo da* **metafísica** *voltado para a natureza do ser.*

Panenteísmo: *Deus é maior que o universo, abrangendo-o e com Ele fundindo-se.*

Panteísmo: *Deus é identificado com o universo ou o universo é uma manifestação de Deus, fazendo com que Deus e a natureza sejam a mesma coisa.*

Perspectivismo: *As ideias se enraízam em perspectivas específicas, havendo, portanto, muitos possíveis esquemas para discernir verdade ou valor.*

Positivismo: *Sistema que reconhece apenas o que pode ser cientificamente demonstrado ou é suscetível de comprovação lógica ou matemática.*

Positivismo lógico: *Forma de* **positivismo** *segundo a qual os únicos problemas filosóficos importantes são os que podem ser resolvidos pela análise lógica.*

Pós-modernismo: *Conceito e estilo do fim do século XX nas artes, na arquitetura e na crítica; representando um distanciamento do modernismo, caracteriza-se pelo uso ostensivo de estilos e convenções anteriores, uma mistura de meios e estilos artísticos diferentes, contra um pano de fundo de generalizada desconfiança em relação a teorias.*

Racionalismo: *A razão, e não a experiência, é a base da certeza no conhecimento.*

Realismo: *Os universais, ou conceitos abstratos, têm existência objetiva, ou absoluta.*

Realismo crítico: *Existe uma verdade suprema, mas sempre de alcance limitado.*

Relativismo: *O conhecimento, a verdade e a moral existem em relação à cultura, à sociedade ou ao contexto histórico, não sendo portanto absolutos.*

Solipsismo: *O eu é tudo que existe.*

Subjetivismo: *O conhecimento é simplesmente subjetivo, sem uma verdade externa ou objetiva.*

Teísmo: *Crença na existência de um deus ou de deuses, especificamente de um criador que interfere no universo (ver* **deísmo***).*

Teleologia: *Explicação dos fenômenos pelas finalidades a que atendem, e não por supostas causas.*

Utilitarismo: *Um ato é justo se for útil ou benéfico para a maioria.*

QUESTIONÁRIO FILOSÓFICO

Responda da maneira como achar mais conveniente —
de preferência com amigos e uma boa taça de vinho!

1. Se eu disser que esta frase não é verdadeira, estarei dizendo a verdade?

2. Se uma árvore cair na floresta quando não houver ninguém por perto, fará algum ruído?

3. Se todos os cisnes que eu vi na vida são brancos, significa que todos os cisnes são brancos?

4. Se um leão pudesse falar, eu entenderia o que ele diz?

5. Se o meu carro só é um carro porque todos concordamos em chamá-lo de carro, mas na verdade não passa de um conceito intelectual, ainda assim vai causar muitos danos se eu sofrer uma colisão?

6. Se o freio falhar quando eu estiver dirigindo na direção de um grupo de crianças que atravessa a rua, seria justificável dar uma guinada para a calçada e atropelar apenas um pedestre?

7. Se a sola e o salto dos meus sapatos forem trocados repetidas vezes, meus sapatos continuarão sendo os mesmos?

8. Se eu fizer um transplante facial, continuarei sendo eu mesmo?

9. Uma pessoa pode viajar no tempo e regressar a uma época anterior ao próprio nascimento?

10. Um robô pode ser humano?

E, por fim, um encantador poema satírico (limerique) do teólogo e escritor Ronald Knox, inspirado no princípio *esse est percipi* do Bispo Berkeley, sobre ser e perceber:

Um jovem disse certa vez, "Deus
Deve achar muito estranho
Pensar que a árvore
Possa continuar sendo
Quando não há ninguém por perto."

Que mereceu a seguinte resposta anônima:

"Prezado senhor: seu espanto é estranho;
Eu *sempre* estou por perto.
E é por isso que a árvore
Continuará sendo,
Já que observada por, Sempre seu, Deus."

Nada mau como conclusão, não acham?

BIBLIOGRAFIA

Berlin, Isaiah, *The Age of Enlightenment*, Mentor Books, 1956.

Blackburn, Simon, *Dicionário Oxford de Filosofia*, Zahar, 1997.

Boardman, John; Griffin, Jasper, e Murray, Oswyn (eds.), *The Oxford History of the Classical World*, Oxford University Press, 1986.

Chambers Biographical Dictionary, Chambers, 1990.

Chambers Dictionary of World History, Chambers, 1994.

Critchley, Simon, *Continental Philosophy: A Very Short Introduction*, Oxford University Press, 2001.

_____, *The Book of Dead Philosophers*, Granta, 2009.

Grayling, A.C., *The Meaning of Things*, Weidenfeld & Nicolson, 2001.

Hampshire, Stuart, *The Age of Reason*, Mentor Books, 1956.

Honderich, Ted (ed.), *Oxford Companion to Philosophy*, Oxford University Press, 2005.

Kaufmann, Walter (ed.), *Existentialism from Dostoyevsky to Sartre*, 1989 (trecho da conferência de Jean-Paul Sartre, traduzido por Philip Mairet).

Knowles, Elizabeth (ed.), *Oxford Dictionary of Quotations*, Oxford University Press, 2009.

Kohl, Herbert, *The Age of Complexity*, Mentor Books, 1965.

Mautner, Thomas (ed.), *Penguin Dictionary of Philosophy*, Penguin Books, 1997.

Monk, Ray, e Raphael, Frederic, *The Great Philosophers*, Weidenfeld & Nicolson, 2000.

Oxford Dictionary of National Biography, Oxford University Press, 2004.

Pirie, Madsen, *101 Great Philosophers*, Continuum, 2009.

Rosenthal, M., e Yudin, P., *A Dictionary of Philosophy*, traduzido para o inglês por Richard R. Dixon e Murad Saifulin, Progress Publishers, 1967.

Russell, Bertrand, *História da filosofia ocidental*, Nova Fronteira, 2015.

Soanes, Catherine, e Stevenson, Angus (eds.), *Oxford English Dictionary*, Oxford University Press, 2005.

Urmson, J. O., e Rée, Jonathan, *The Concise Encyclopedia of Western Philosophy & Philosophers*, Routledge, 1989.